小平，您好

366天的怀念

姜淑萍 主编　　周锟 副主编

浙江人民美术出版社

我是中国人民的儿子，
我深情地爱着我的祖国和人民。

—— 邓小平

相伴岁月永流传

——写在邓小平诞辰一百二十周年之际

姜淑萍

2024年，我们将迎来邓小平诞辰一百二十周年。邓小平是中国社会主义改革开放和现代化建设的总设计师，中国特色社会主义道路的开创者，邓小平理论的主要创立者。在这个特殊的时刻，我们精心编辑这本画册，以2024年366天每天讲述一个历史上那一天发生在邓小平身上的故事，让读者朋友身临其境，同伟人展开超越时空的对话，表达无限的缅怀之情。

邓小平一生革命生涯长达七十多年，经历了新民主主义革命、社会主义革命和建设、改革开放和社会主义现代化建设三个历史时期。长期的革命历练，铸就了他非凡的政治品格、深厚的情感寄托、务实的思想特点、鲜明的领导风范、恢宏的革命气度和光辉的人格魅力。我们党从小到大，由弱变强，他是见证者，更是重要贡献者。习近平总书记高度评价邓小平的历史贡献和历史地位，他说："邓小平同志的贡献，不仅改变了人民的历史命运，而且改变了世界的历史进程。""如果没有邓小平同志指导我们党作出改革开放的历史性决策，我们国家要取得今天的发展成就是不可想象的。"我们相信，无论岁月怎样流转，邓小平的不朽功绩、崇高品德，必将在一代一代中国人心中永远留存，不断传承。

理想信念坚定是邓小平最鲜明的政治品格。邓小平少年时代赴法国勤工俭学时接受了马克思主义，此后在漫长的政治生涯中，无论处境如何艰难，无论道路如何坎坷，他始终坚持马克思主义，坚信共产主义，从未动摇过。在战争年代的枪林弹雨中，邓小平出生入死，浴血奋战，为新中国的成立立下赫赫战功；在社会主义革命和建设的艰辛探索中，邓小平励精图治、百折不回，提出了许多重要主张；在“文化大革命”十年内乱中，邓小平信念执着，不灰心消沉；在改革开放和社会主义现代化建设中，当社会主义面临重大考验时，邓小平冷静观察、沉着应对，坚持在社会主义道路上推进我国现代化事业。邓小平“三落三起”，每次被错误批判、打倒，都不动摇、不消沉，执着于理想追求，坚定地忠诚于党和人民，愈挫愈勇，尽全力工作。无论时代怎样变迁，坚定的信念是一个人奋斗的根本动力，也是取得成功的内在原因。

热爱人民是邓小平最深厚的情感寄托。他对人民群众怀着无比深厚的感情。振兴中华民族，让国家发达起来，让全国人民都过上好日子，是邓小平一生的最大期望和奋斗目标。他心中始终装着人民，惦记着人民的安危冷暖。追溯改革开放的原点和起因，首要的也是最根本的一条，就是解决人民温饱和贫困问题，提高人民生活水平。他尊重人民群众的首创精神，善于总结人民群众的新经验，把人民拥护不拥护、赞成不赞成、高兴不高兴、答应不答应作为一切工作的出发点和落脚点。共同富裕，是邓小平晚年最大的牵挂，他说：“共同致富，我们从改革一开始就讲，将来总有一天要成为中心课题。”

始终坚持实事求是是邓小平最重要的思想特点。邓小平说：

“我读的书并不多，就是一条，相信毛主席讲的实事求是。过去我们打仗靠这个，现在搞建设、搞改革也靠这个。”邓小平称自己是“实事求是派”，强调解放思想，实事求是，并把它贯穿于改革开放全过程中。他反对形式主义和官僚主义，坚持一切从实际出发，理论联系实际，尊重实践，崇尚实干，不尚空谈。邓小平主张多做少说，力主开短会、讲短话，要腾出时间来多办实事。“空谈误国，实干兴邦”，新时代的新形势、新问题和新任务，要求我们实事求是地观察世界、处理问题，脚踏实地、真抓实干，创造实绩。

不断开拓创新是邓小平最鲜明的领导风范。邓小平身上始终洋溢着一种革故鼎新、一往无前的勇气，一种善于打开新局面的锐气。“文化大革命”结束后，在向何处去的重大历史关头，邓小平带领中国共产党和中国人民，深刻总结我国社会主义建设的正反两方面经验，抛弃对马克思主义的教条式理解，不照抄照搬别国经验、别国模式，把马克思主义基本原理同中国的建设实际和时代特征结合起来，冲破“左”的思想禁锢，摒弃僵化的观念和做法，大胆试、勇敢改，理论和实践都实现了一系列重大突破。比如，破除束缚生产力发展的旧有的、僵化的计划经济体制模式，建立充满活力的社会主义市场经济体制；比如，破除超越现实、超越阶段的思维，提出社会主义初级阶段理论和“一个中心、两个基本点”的基本路线；再比如，破除是姓“社”还是姓“资”的思维定式，提出判断的标准应该主要看是否有利于发展社会主义社会的生产力，是否有利于增强社会主义国家的综合国力，是否有利于提高人民的生活水平。正是在一个个理论和实践的突破和创新中，我国社会悄然实现了从“以阶级斗争为纲”向“以经济建设为中心”，从计划经济向社会主义市场经济，从封闭半封闭向对外开放的历史性转变，成功开创了中国特色社会主义。中国特色社会主义从此成为党的全部理论和实践的主题，坚持和发展中国特色社会主义也成为我们国家取得历史巨变的根本原因所在。作为这条崭新道路的创立者，邓小平做出了独特的历史性贡献。

高瞻远瞩的战略思维是邓小平最恢宏的革命气度。在开创新的历史伟业的过程中，邓小平总是站在国内大局和国际大局相互联系的高度，站在时代的前列，以前瞻性战略思维和远见卓识，敏锐洞察发展大势，深刻把握时代脉搏，审时度势，抓住机遇，作出关系到党和国家长远发展的重大决策。他说："要从大局看问题，放眼世界，放眼未来，也放眼当前，放眼一切方面。"20世纪70年代末，也是新时期之初，邓小平敏锐地洞察到世界经济科技快速发展，我国的发展同国际先进水平的差距明显拉大。同时，他准确地把握了时代主题转换的趋势，深刻分析国际形势逐渐从战争和对抗走向和平与发展的总趋势，从而改变原来认为战争的危险很迫近的看法，作出延缓世界大战的爆发是完全可能的的新判断，这成为制定实行改革开放等紧跟时代发展的重大方针政策，实现历史性转折的重要理论依据，为成功开创中国特色社会主义创造了难得的历史机遇和良好的外部环境。80年代末90年代初，国内发生政治风波，国际上东欧剧变、苏联解体，中国的改革开放和社会主义事业受到严峻考验。同时，世界格局由两极向多极演进，经济全球化迅猛发展，挑战和机遇同时出现。邓小平敏锐地捕捉到冷战之后世界格局的新变化，洞悉历史赋予中国发展的大好机遇。他于1992年初视察南方，发表重要谈话，强调抓住机遇，加快发展，并提出了一系列关于建设中国特色社会主义的新思想、新观点。南方谈话是中国的改革开放和社会主义现代化进入新阶段的重要标志，也是中国特色社会主义成功开创的重要标志。

坦荡无私的博大胸襟是邓小平最光辉的人格魅力。邓小平始终把党和国家的前途命运放在心中最高位置，总是从全局出发，从党和人民的根本利益出发考虑问题、处理矛盾。他心底无私，襟怀坦荡，从不计较个人得失和荣辱进退，更不居功自傲。他说：“我所做的事，无非反映了中国人民和中国共产党人的愿望”，“国家发展了，我当一个富裕国家的公民就行了。”平平淡淡、轻描淡写的话语，把国家和个人、事业和个人的关系道明点透，流露出他真诚朴实的情感和愿望。

邓小平的卓越功绩、高尚品德，是他为我们留下的宝贵政治遗产和精神财富。邓小平曾提出：“我们要赶上时代。”经过党和人民四十多年的不懈奋斗，我们终于可以自豪地说：中国赶上了时代。在新时代新的征程中，我们要更加紧密地团结在以习近平同志为核心的党中央周围，学习邓小平，坚定理想信念，时刻心系人民，以实事求是的理论勇气、开拓创新的历史担当、深谋远虑的战略眼光、坦荡无私的高尚情怀，踔厉奋发，为实现第二个百年奋斗目标，实现中华民族伟大复兴，做出新贡献，创造新辉煌。

目 录

一　月

为推进人类进步事业而努力奋斗

1979年1月1日，邓小平出席全国政协举行的《全国人民代表大会常务委员会告台湾同胞书》座谈会。他在讲话中指出：1979年元旦是个不平凡的日子，有三个特点：第一，是我们全国工作的着重点转移到四个现代化建设上来了；第二，中美关系实现了正常化；第三，把台湾归回祖国、完成祖国统一的大业提到具体的日程上来了。

02

1992 年 1 月 2 日，中国桥牌协会名誉主席万里授予邓小平第九届“运筹与健康”老同志桥牌赛冠军奖杯。比赛中，邓小平思维敏捷，与牌友密切配合，叫牌果断，攻守自如，出奇制胜，凭借几十年打桥牌的深厚功底，以神机妙算来掌握桥牌桌上的主动权。

03

1993年1月3日，邓小平给孙辈写信。信中说：对中国的责任，我已经交卷了，就看你们的了。我十六岁时还没有你们的文化水平，没有你们那么多的现代知识，是靠自己学，在实际工作中学，自己锻炼出来的，十六七岁就上台演讲。在法国一呆就是五年，那时话都不懂，还不是靠锻炼。你们要学点本事为国家做贡献。大本事没有，小本事、中本事总要靠自己去锻炼。图为邓小平、卓琳和孙辈们在一起。

1993年1月4日，邓小平在杭州接见浙江省党、政、军负责人和老同志代表。他说：我很关注浙江的发展。浙江的发展势头是不错的。要珍惜这个好的发展机遇，保持好的发展势头。

04

05

1975 年 1 月 5 日，根据毛泽东的提议，中共中央发出第一号文件，任命邓小平为中共中央军委副主席兼中国人民解放军总参谋长。1 月 10 日，中共十届二中全会追认邓小平为中共中央政治局委员，选举邓小平为中共中央副主席、中央政治局常委。图为 1975 年的邓小平。

06

1986年1月6日，邓小平再次当选为美国《时代》周刊封面人物。“封面新闻”介绍说：邓小平倡导的全面的经济改革，解放了十亿人民的生产力，使中国人民的日常生活发生了巨大的变化，让时隔短短几年再次造访中国的外国人都难以相信。在改变人民生活这一点上，没有哪个国家领导人比得上邓小平。

07

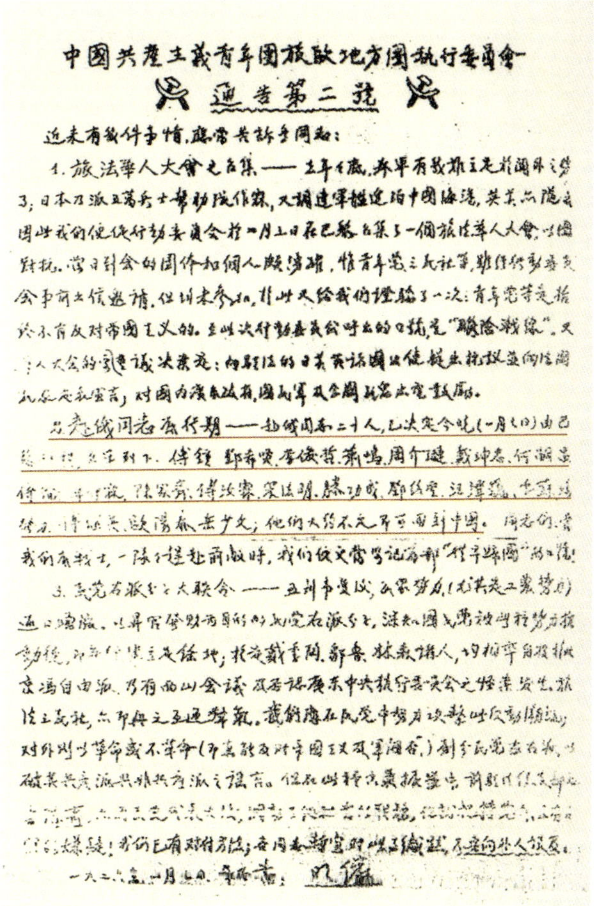

中國共產主義青年團旅歐地方團執行委員會

通告第二號

近来有几件事情，应当告诉同志们：

1926年1月7日，在法国勤工俭学并走上革命道路的邓小平（时用名邓希贤）等19人乘火车离开巴黎，准备途经德国、波兰赴十月革命故乡苏联。中共旅欧地方团执委会为此发出第二号通告：“赴俄同志二十人已决定今晚由巴黎起程。”“他们大约不久即可回到中国。同志们！当我们底战士，一队队赶赴前敌时，我们便更当紧记着那‘尽早归国’的口号。”

08

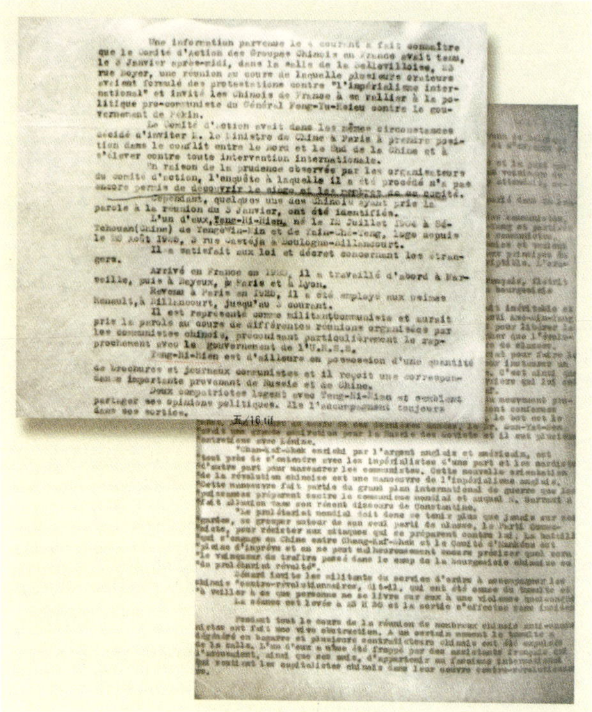

Une information parvenue le 4 courant a fait connaître que le Comité d'Action des Groupes Chinois en France avait tenu, le 3 Janvier après-midi, dans la salle de la Bellevilloise, [illegible] rue Boyer, une réunion au cours de laquelle plusieurs orateurs avaient formulé des protestations contre "l'impérialisme international" et invité les Chinois de France à se rallier à la politique pro-communiste du Général Fong-Yu-Hsieu contre le gouvernement de Pékin.

Le Comité d'action avait dans les mêmes circonstances décidé d'inviter M. le Ministre de Chine à Paris à prendre position dans le conflit entre le Nord et le Sud de la Chine et à s'élever contre toute intervention internationale.

En raison de la prudence observée par les organisateurs du comité d'action, l'enquête à laquelle il a été procédé n'a pas encore permis de découvrir le siège et les membres de ce comité.

Cependant, quelques uns des Chinois ayant pris la parole à la réunion du 3 Janvier, ont été identifiés.

L'un d'eux, Teng-Hi-Hien, né le [illegible] Juillet 1904 à Sé-Tchouan (Chine) de Teng-Vin-Min et de Tain-Chê-Teng, logé depuis le [illegible] Août 1925, 3 rue Castéja à Boulogne-Billancourt.

Il a satisfait aux loi et décret concernant les étrangers.

Arrivé en France en 1920, il a travaillé d'abord à Marseille, puis à Bayeux, à Paris et à Lyon.

Revenu à Paris en 1925, il a été employé aux usines Renault, à Billancourt, jusqu'au 3 courant.

Il est représenté comme militant communiste et aurait pris la parole au cours de différentes réunions organisées par les communistes chinois, préconisant particulièrement le rapprochement avec le gouvernement de l'U.R.S.S.

Teng-Hi-Hien est d'ailleurs en possession d'une quantité de brochures et journaux communistes et il reçoit une correspondance importante provenant de Russie et de Chine.

Deux compatriotes logent avec Teng-Hi-Hien et semblent partager ses opinions politiques. Ils l'accompagnent toujours dans ses sorties.

五/16.tif

1926年1月8日，法国警方根据邓小平活动的详细情报，决定对邓小平等人的住所进行搜查，并驱逐邓小平等三人出境。他们在邓小平的住处只发现了大量法文版和中文版的《中国工人》《孙逸仙遗嘱》《共产主义ABC》等宣传共产主义的小册子和中文报纸，以及油印用品。此时邓小平已离开法国奔赴苏联。图为法国警方的搜查记录。

09

1935年1月9日，邓小平随中央军委纵队进驻遵义。1月15日至17日，邓小平参加在遵义召开的中共中央政治局扩大会议（后通称为“遵义会议”）。遵义会议结束了“左”倾教条主义错误在中共中央的统治，事实上确立了毛泽东在党中央和红军的领导地位。图为遵义会议会址。

10

1949 年 1 月 10 日，在邓小平、刘伯承、陈毅、粟裕和谭震林的指挥下，国民党残军约二十万人覆灭，淮海战役大获全胜。淮海战役从 1948 年 11 月 6 日持续到 1949 年 1 月 10 日，历时六十六天，共歼敌五十五万五千余人，其中包括有国民党军“五大主力”之称的第五军和第十八军。国民党统治的中心南京被置于解放军进攻的前沿。

11

1982年1月11日，邓小平会见美国华人协会主席李耀滋，首次提出“一个国家，两种制度”的概念。他指出：两种制度是可以允许的。国家的统一是我们整个中华民族的愿望。这不仅有利于子孙后代，在中国五千年的历史上也是一件大事。邓小平关于“一国两制”的科学构想首先被运用于解决香港、澳门回归祖国的问题上，并取得成功。图为1997年7月1日香港回归交接仪式现场。

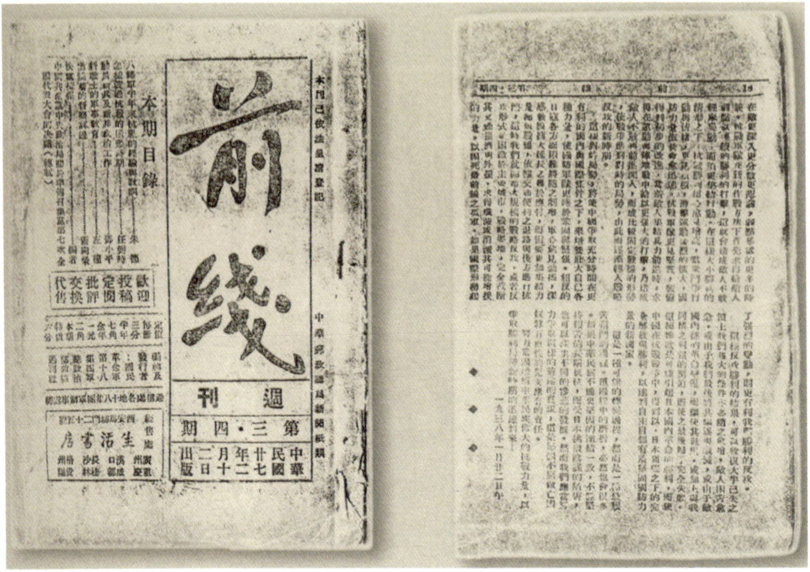

12

1938年1月12日，邓小平撰写《动员新兵及新兵政治工作》一文，指出：战争的最后胜败，要在持久抗战中去解决。今天的战争，要求我们充分运用半年抗战的宝贵经验。不仅应研究战略战术，而且还应以最大努力，利用一切可能，动员广大民众加入军队。这篇文章刊载于1938年2月12日国民革命军第十八集团军总政治部出版的《前线》周刊第三、四期（合刊）。

13

1975年1月13日至17日，邓小平出席四届全国人大一次会议。周恩来在会上作《政府工作报告》。报告由邓小平主持起草，毛泽东、周恩来审定。报告重申三届全国人大一次会议《政府工作报告》提出的分两步走，在20世纪末实现四个现代化的构想：第一步，用十五年时间，即在1980年以前，建成一个独立的比较完整的工业体系和国民经济体系；第二步，在20世纪内，全面实现农业、工业、国防和科学技术的现代化，使我国国民经济走在世界的前列。大会任命周恩来为国务院总理，邓小平等十二人为国务院副总理。邓小平在副总理中排序为第一位。图为大会主席台。

14

1980年1月14日，邓小平会见并宴请参加广州粒子物理讨论会的海内外科学家。他在讲话中指出：这次讨论会在粒子物理领域进行了广泛的学术交流，取得了大家认为满意的结果，并增进了海内外学者之间的相互了解，加深了友谊，这是值得祝贺的。为了不断提高研究水平，一方面要抓紧研究工作，同时要经常吸取外国的先进经验，学习海外学者的先进经验。我们可以派人出去学，也非常欢迎海外学者们回来进行学术交流。

15

1976年1月15日，邓小平出席周恩来追悼大会并代表中共中央致悼词：周恩来对建设和发展马克思主义的中国共产党，对建设和发展战无不胜的人民军队，对夺取新民主主义革命的胜利，创建社会主义的新中国，对巩固工人阶级领导的以工农联盟为基础的各族人民的大团结，发展革命统一战线，对争取社会主义革命和建设事业的胜利……巩固我国的无产阶级专政，都做出了不可磨灭的贡献，建立了不朽的功绩……周恩来同志的一生，是为共产主义事业光辉战斗的一生，是坚持继续革命的一生。他是我们全党全军全国人民学习的榜样。

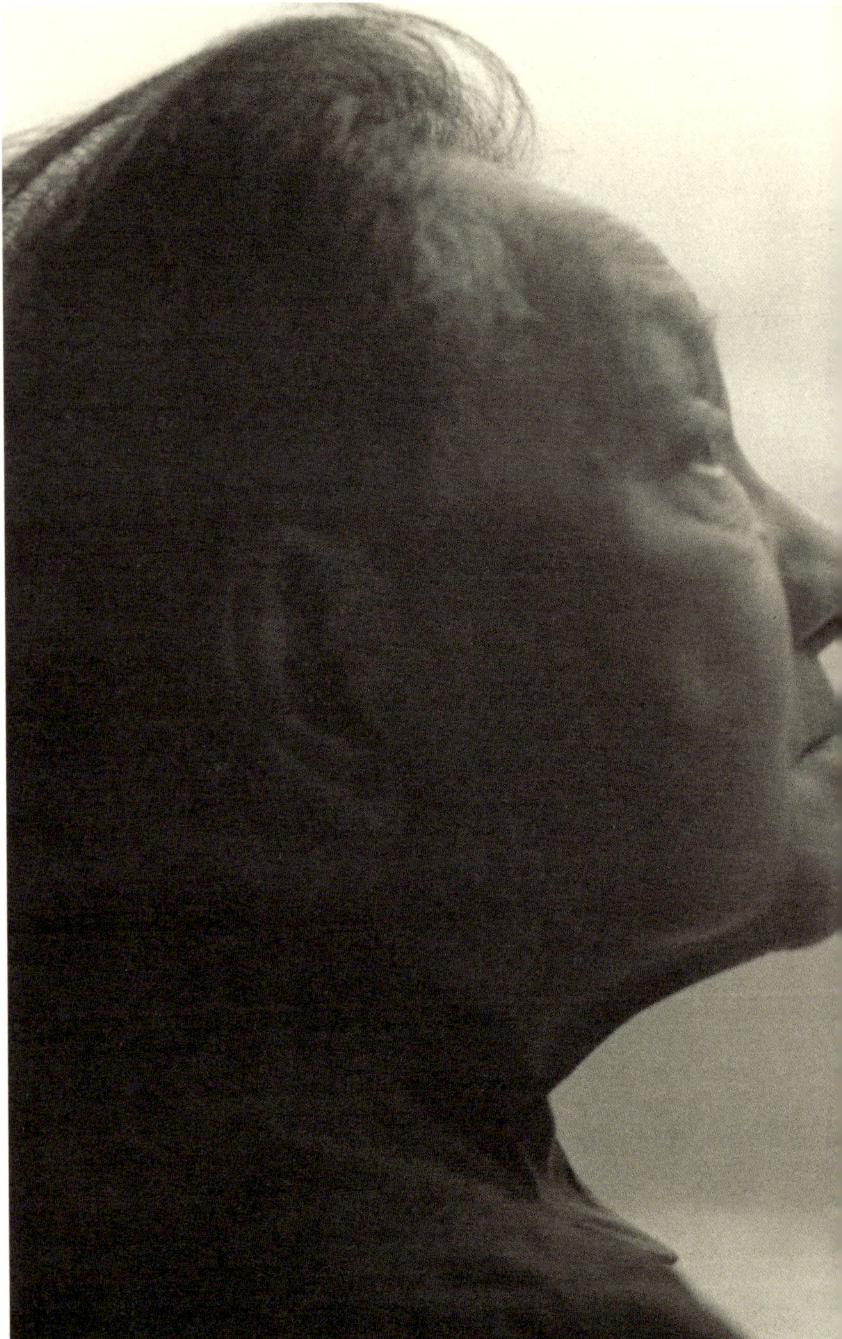

16

一月

1980年1月16日，邓小平出席中共中央召集的干部会议，作《关于目前的形势和任务的报告》。报告提出了80年代要做的三件大事和现代化建设必须具备的四个前提。三件大事是：在国际事务中反对霸权主义，维护世界和平；台湾回归祖国，实现祖国统一；加紧经济建设。三件大事的核心是现代化建设。四个前提是：第一，要有一条坚定不移、贯彻始终的政治路线。第二，要有一个安定团结的政治局面。第三，要有一股艰苦奋斗的创业精神。第四，要有一支坚持走社会主义道路的、具有专业知识和能力的干部队伍。图为1980年的邓小平。

17

1986年1月17日，邓小平出席中共中央政治局常委会议。他在讲话中指出：抓精神文明建设，抓党风、社会风气好转，必须狠狠地抓，一天不放松地抓，从具体事件抓起。搞四个现代化一定要有两手，只有一手是不行的。图为1992年1月邓小平视察深圳国贸大厦，他指出：中国要警惕“右”，但主要是防止“左”，要坚持“两手抓、两只手都要硬”。

18

1992年1月18日至2月21日，邓小平视察武昌、深圳、珠海、上海等地并发表重要谈话，提出了一系列新思想、新观点。他指出：社会主义的本质是解放生产力，发展生产力，消灭剥削，消除两极分化，最终达到共同富裕。邓小平南方谈话，科学总结了党的十一届三中全会以来的实践探索和基本经验，从理论上深刻回答了长期困扰和束缚人们思想的许多重大问题，是把改革开放和现代化建设推向新阶段的又一个解放思想、实事求是的宣言。

一月

19

1992 年 1 月 19 日，邓小平在深圳视察，来到皇岗口岸后，站在深圳河大桥桥头，深情地眺望对岸的香港。

1992年1月20日，邓小平在中共广东省委和中共深圳市委负责人的陪同下，登上国贸大厦旋转餐厅，眺望深圳市容，并作了三十多分钟的讲话。他指出：不坚持社会主义，不改革开放，不发展经济，不改善人民生活，只能是死路一条。基本路线要管一百年，动摇不得。只有坚持这条路线，人民才都会相信你、拥护你。谁要改变三中全会以来的路线、方针、政策，老百姓不答应，谁就会被打倒。

1992 年 1 月 21 日，邓小平来到位于深圳湾的中国民俗文化村和锦绣中华微缩景区游览并同家人合影。他感慨地说：这辈子我是去不了西藏了，就在这座“布达拉宫”前照张相，留作纪念吧。

21

22

1992年1月22日，邓小平到深圳仙湖植物园参观并种植一棵常青树——高山榕。当有人介绍一棵名为“发财树”的树时，他说：让全国人民都种，让全国人民都发财。

一月

23

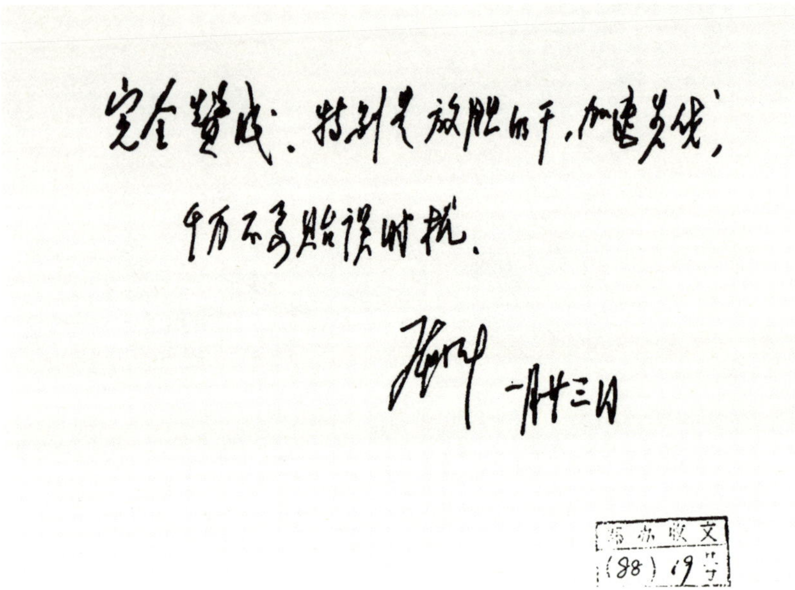
完全赞成。特别是放胆的干，加速步伐，千万不要贻误时机。

邓小平 一月廿三日

1988 年 1 月 23 日，邓小平审阅《沿海地区经济发展的战略问题》的报告，作出批示：“完全赞成。特别是放胆的干，加速步伐，千万不要贻误时机。”

24

一月

1984年1月24日，邓小平乘专列前往深圳考察。他说："办经济特区是我倡议的，中央定的，是不是能够成功，我要来看一看。"图为邓小平视察招商局蛇口工业区并听取汇报。

25

1992年1月25日，邓小平视察珠海亚洲仿真系统工程有限公司。他在听取公司情况介绍时说：老科学家、中年科学家很重要，青年科学家也很重要。希望所有出国学习的人回来。不管他们过去的政治态度怎么样，都可以回来，回来后妥善安排。搞科技，越高越好，越新越好。越高越新，我们也就越高兴。不只我们高兴，人民高兴，国家高兴。

26

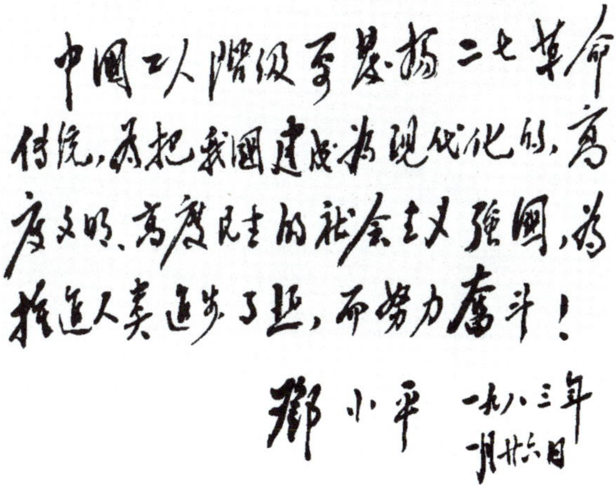

中国工人阶级要发扬二七革命传统，为把我国建成为现代化的、高度文明、高度民主的社会主义强国，为推进人类进步事业，而努力奋斗！

邓小平　一九八三年一月廿六日

1983 年 1 月 26 日，邓小平为纪念二七大罢工六十周年题词：“中国工人阶级要发扬二七革命传统，为把我国建成为现代化的、高度文明、高度民主的社会主义强国，为推进人类进步事业，而努力奋斗！”

27

1983年1月27日，邓小平同杨尚昆等谈国防武器装备问题，指出：为了改变当前军队武器装备落后的状况，加速研制新型武器装备，主要依靠自力更生，可能地引进部分先进技术。因此，必须缩短战线，突出重点，狠抓科研，加速更新。

28

1979年1月28日，邓小平应美国总统吉米·卡特邀请，前往美国进行正式访问。这是邓小平最后一次正式出国访问，也是中华人民共和国成立后中国领导人第一次访问美国。这一天正好是中国的大年初一。舆论认为，邓小平选择新年的头一天出访美国，对刚刚改革开放的中国来说是件有象征意义的事情。图为邓小平和美国总统卡特在白宫阳台上。

一月

29

1984 年 1 月 29 日，邓小平为珠海经济特区题词：“珠海经济特区好。”

30

1979 年 1 月 30 日，邓小平访美期间在美国参、众两院发表演说，指出：我们不再用“解放台湾”这个提法了。只要台湾回归祖国，我们将尊重那里的现实和现行制度。我们一方面尊重台湾的现实，另一方面一定要使台湾回到祖国的怀抱。图为邓小平访美期间出席美国总统卡特在白宫举行的欢迎仪式。

执行程序
文明整洁
FOLLOW PROCEDURES
GOOD HOUSE KEEPING

31

一月

1991年1月31日，邓小平视察上海航空工业公司，听取公司负责人汇报，参观铆装和总装车间。他指出：飞机制造业也是国民经济的带头工业，是很有发展前途的。闭关自守不行。“文化大革命”时有个“风庆轮事件”，我跟“四人帮”吵过架，才一万吨的船，吹什么牛！1920年我到法国去留学时，坐的就是五万吨的外国邮船。现在我们开放了，十万、二十万吨的船也可以造出来了。

二　月

要善于学习，更要善于创新

01

1984年2月1日，邓小平在广州为深圳经济特区题词："深圳的发展和经验证明，我们建立经济特区的政策是正确的。"并将落款日期写为离开深圳的1月26日。

02

1979 年 2 月 2 日，邓小平在美国访问期间，在休斯敦市观看马术竞技表演。表演开始前，他应邀乘上一辆 19 世纪的公共马车，绕场一周，并接受主人赠送的一枚骑士纪念章和一头小牛。

03

1978年2月3日，邓小平乘专机前往尼泊尔访问。在飞机快要飞经拉萨时，提出在海拔近三千七百米的拉萨作短暂停留。有关方面考虑到邓小平事先没有做在高原停留的身体检查，未予同意。在飞机飞越喜马拉雅山脉时，邓小平走到驾驶室里，观看喜马拉雅山脉壮观的景色。

04

1979年2月4日，邓小平访问美国期间，出席美国联合航空公司总经理爱德华·卡尔森和波音飞机公司董事长桑顿·威尔逊举行的午宴，并致答词。他指出：太平洋再也不应该是隔开我们的障碍，而应该是联系我们的纽带。中美两国在经济、文化、科技等领域里存在着广泛交流和合作的余地。图为邓小平参观波音747飞机装配厂。

1981 年 2 月 5 日，邓小平出席全国政协春节茶话会。图为邓小平在茶话会上与全国政协副主席、九十三岁高龄的周建人握手。

05

06

1962年2月6日，邓小平在扩大的中共中央工作会议（七千人大会）上讲话。他指出，我们党有五个优点：有好的指导思想，即毛泽东思想；有好的党中央；有大批好的骨干，包括大批新的积极分子；有好的传统，好的作风，包括实事求是，有理想、有志气、不怕“鬼”，有一套健全的党的生活制度等；有对党高度信赖的人民。这些条件，使党一定能够领导人民取得社会主义建设的胜利，也一定能够在国际共产主义运动中担负起自己应负的责任。他强调：必须把党的优良传统恢复起来，加强起来，发扬起来，这是我们党成为执政党的特点所决定的。图为邓小平同毛泽东、周恩来、刘少奇、朱德、陈云在七千人大会上。

07

1992 年 2 月 7 日，邓小平在中共上海市委负责人吴邦国等人的陪同下，视察上海新建成的南浦大桥和正在建设中的杨浦大桥。

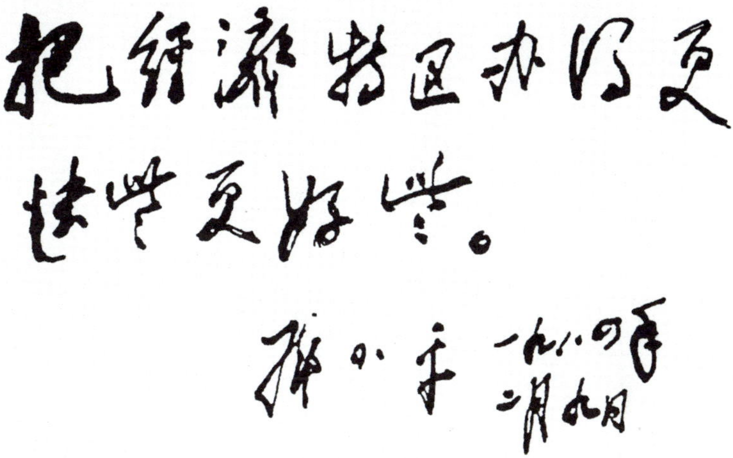
把经济特区办得更快些更好些。
邓小平 一九八四年二月九日

08

1984 年 2 月 8 日，邓小平在厦门视察期间游览鼓浪屿时指出：厦门是个好地方。像鼓浪屿这样的地方不多，要好好保护。次日，他为厦门经济特区题词：“把经济特区办得更快些更好些。”

1994年2月9日，邓小平和吴邦国、黄菊等上海市党、政、军负责人同部分老同志互致新春的祝贺和问候，并祝全国人民春节愉快，家庭幸福，人民团结，在新的一年里取得更大的胜利。

09

10

1992年2月10日，邓小平在上海视察贝岭微电子有限公司。他在参观大束流离子注入机时说：对外开放就是要引进先进技术为我所用。12日，他在视察闵行开发区时指出：实践这个标准最硬，它不会作假。要用上百上千的事实来回答改革开放姓“社”不姓“资”，有利于社会主义，不利于资本主义。

1981年2月11日，邓小平出席中共中央政治局会议。在讨论对外政策问题时，他指出：我们的口号是反对霸权主义，维护世界和平。在国际关系中，现在比较形象的语言是打牌。我们要从政治角度考虑外交问题，不用打牌的方式。图为1981年的邓小平。

11

二月

12

1983 年 2 月 12 日，邓小平参观杭州岳王庙。他指着秦桧等人的跪像说：英雄总为后人所纪念，坏人为后人所唾弃。望着左边门柱上的对联，他对外孙说："'青山有幸埋忠骨，白铁无辜铸佞臣'，很对呀！你们要像岳飞一样精忠报国才是。"

13

1991年2月13日，邓小平视察上海航天局新中华机器厂，了解运载火箭、气象卫星等的研制和生产情况，询问产品的性能和工厂生产能力。他对陪同的上海航天局负责人说：我们是社会主义国家，一旦国家需要就会集中力量来保证你们，这是社会主义的优越性。

14

1981 年 2 月 14 日，邓小平为英国培格曼出版公司编辑出版的《邓小平副主席文集》英文版作序。《序言》指出：我荣幸地以中华民族一员的资格，而成为世界的公民。我是中国人民的儿子，我深情地爱着我的祖国和人民。已经客观地存在着的历史，除了不断地加深对于它的认识、理解之外，是谁也改变不了的。因此，我同意照讲话当时的样子全文编入文集，不做任何改动。如果有一天这些讲话失去重新阅读的价值，那就证明社会已经飞快地前进了。那有什么不好呢？图为 1985 年 8 月 2 日，邓小平在北戴河接受英国培格曼出版公司经理马克斯韦尔赠送的《邓小平副主席文集》英文版。

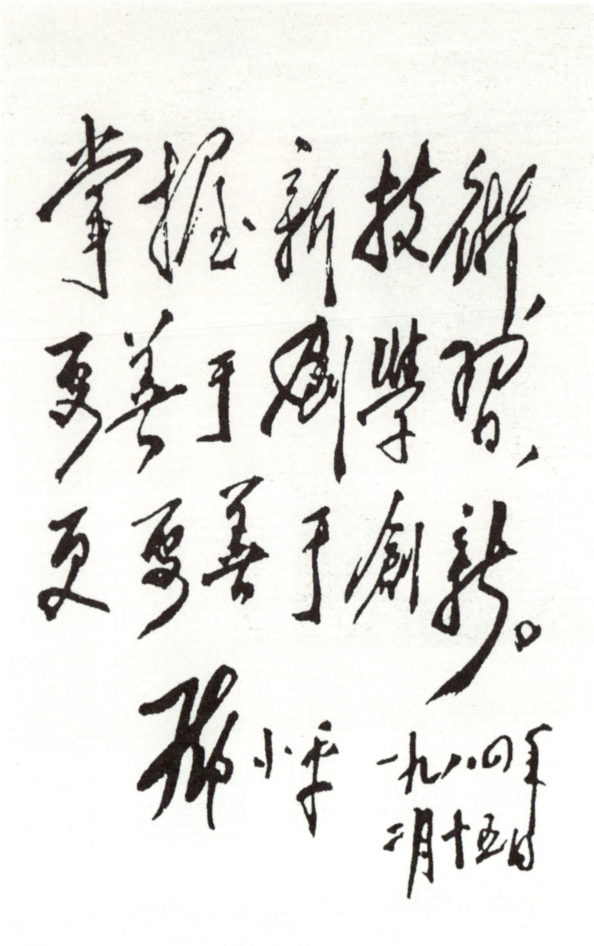

15

1984年2月15日，邓小平视察正在建设中的上海宝山钢铁总厂，指出：宝钢二期工程肯定要上，问题是什么时候上。如果1985年只要两个亿，还可以考虑上得快一些，不要耽误时间。图为邓小平给宝钢的题词：“掌握新技术，要善于学习，更要善于创新。”

16

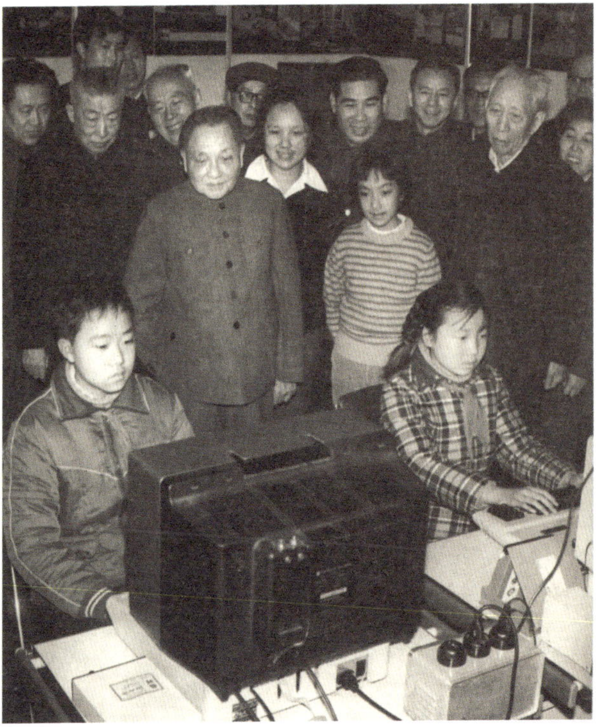

1984 年 2 月 16 日，邓小平参观上海市微电子技术及其应用汇报展览，听取工作人员对电子器件、基础材料、设备、人才培养、科研开发、计算机应用等各部分的介绍，观看小学生操作计算机表演。他指出：计算机的普及要从娃娃做起。

二月

17

1990年2月17日，邓小平和江泽民、杨尚昆、李鹏等，接见出席中华人民共和国香港特别行政区基本法起草委员会第九次全体会议的委员。他说：你们经过将近五年的辛勤劳动，写出了一部具有历史意义和国际意义的法律。说它具有历史意义，不只是对过去、现在，而且包括将来；说国际意义，不只对第三世界，而且对全人类都具有长远意义。

18

1991年2月18日，邓小平在上海视察建设中的南浦大桥工地，说：上海这么大，总是要造好几座桥。随后他前往新锦江大楼顶层俯瞰上海市容，听取浦东开发规划汇报，指出：抓紧浦东开发，不要动摇，一直到建成。他还说：金融很重要，是现代经济的核心。金融搞好了，一着棋活，全盘皆活。中国在金融方面取得国际地位，首先要靠上海。希望上海人民思想更解放一点，胆子更大一点，步子更快一点。

二月

19

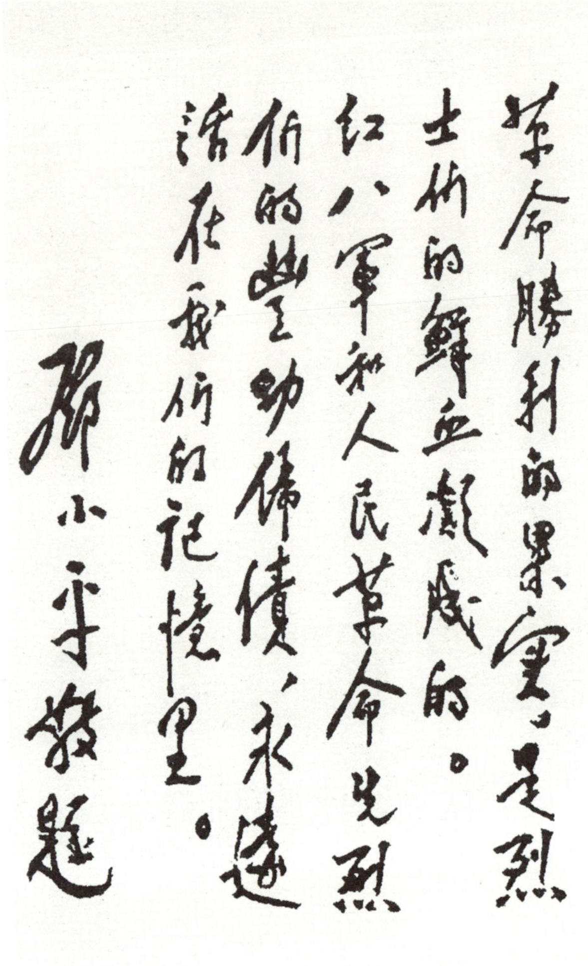

1962年2月19日，邓小平为广西红八军烈士纪念碑题词：“革命胜利的果实，是烈士们的鲜血凝成的。红八军和人民革命先烈们的丰功伟绩，永远活在我们的记忆里。”

20

1992 年 2 月 20 日，邓小平乘专列离开上海回京，途经南京时，在南京火车站同中共江苏省委书记沈达人等谈话。他指出：要抓住时机，把经济搞上去，步子可以快一点。我现在就怕丧失时机。当听到江苏经济去年的增长幅度高于全国平均数时，他说：江苏应该比全国平均速度快一点。

21

1983年2月21日，邓小平在上海视察静安区胶州路农贸市场、虹口区曲阳新村。在胶州路农贸市场，他先后到水果摊、知青合作商店、水产摊和蔬菜摊前，了解价格、销售和经营性质等情况，指出：这个市场办得好，既能丰富市场，价钱也便宜。在曲阳新村，他先后到曲阳菜场、百货商场和知青酒家视察，了解到这些都是返城知识青年办的合作企业时说：知青办的好嘛。随后，他来到上海服装二厂一位退休工人家中，看到新房中电视机、洗衣机、电冰箱一应俱全，说：这儿不错嘛，挺现代化的。你们生活好，我就高兴。

22

1984年2月22日，邓小平会见美国前总统国家安全事务助理、乔治城大学战略与国际问题研究中心高级顾问兹比格涅夫·布热津斯基率领的美国战略和国际问题研究中心代表团。他指出：我们提出的大陆与台湾统一的方式是合情合理的。统一后，台湾仍搞它的资本主义，大陆搞社会主义，但是是一个统一的中国。一个中国，两种制度。香港问题也是这样，一个中国，两种制度。

1922年2月，在法国勤工俭学的邓小平进入夏莱特市的哈金森橡胶厂制鞋车间做工，与王若飞、赵世炎等结识，开始阅读《新青年》等进步书刊，逐渐接受革命思想。他后来回忆说："我做工的环境使我益信陈独秀们所说的话是对的，因此，每每听到人与人相争辩时，我总是站在社会主义这边的。"图为青年邓小平在法国时的留影。

24

1984年2月24日，邓小平视察广东、福建、上海等地回京后，同几位中央负责人谈话。他指出：特区是个窗口，是技术的窗口、管理的窗口、知识的窗口，也是对外政策的窗口。从特区可以引进技术，获得知识，学到管理，管理也是知识。除现在的特区之外，可以考虑再开放几个港口城市，如大连、青岛。这些地方不叫特区，但可以实行特区的某些政策。我们还要开发海南岛。图为邓小平在深圳视察。

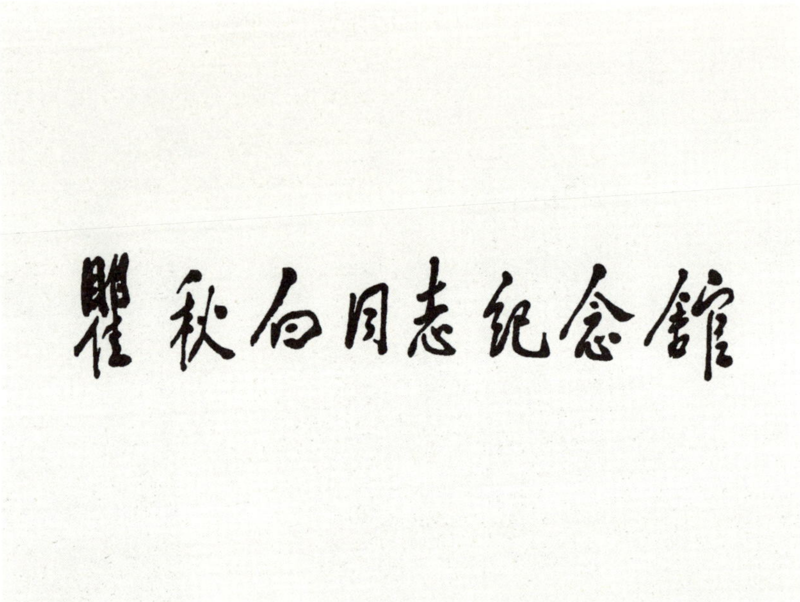

25

1985 年 2 月，邓小平为瞿秋白同志纪念馆题写馆名，以纪念瞿秋白同志英勇就义五十周年。

26

1989 年 2 月 26 日，邓小平会见在中国进行工作访问的美国总统乔治·布什，指出：中国的问题，压倒一切的是需要稳定。没有稳定的环境，什么都搞不成，已经取得的成果也会失掉。中国一定要坚持改革开放，这是解决中国问题的希望。但是要改革，就一定要有稳定的政治环境。我们是要发展社会主义民主，但匆匆忙忙地搞不行，搞西方那一套更不行。民主是我们的目标，但国家必须保持稳定。

二月

27

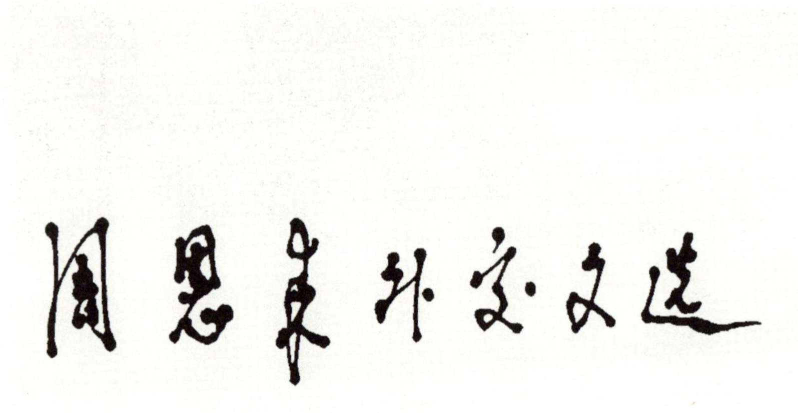

1990年2月27日，邓小平为即将出版的《周恩来外交文选》题写书名。

28

1984年2月28日，邓小平就中共四川省广安县委询问同他一起赴法勤工俭学的远房叔父邓绍圣有关情况一事，让办公室工作人员致信广安县委组织部，提出邓绍圣应按烈士处理。随后，广安县人民政府经审查，批准邓绍圣按新中国成立前对敌斗争失踪的地方工作人员对待，追认为革命烈士。图为邓小平同邓绍圣在法国的合影。

二月

29

1980年2月29日，邓小平在中共十一届五中全会第三次全体会议上讲话，指出：我们党在现阶段的政治路线，概括地说，就是一心一意地搞四个现代化。这件事情，任何时候都不要受干扰，必须坚定不移地、一心一意地干下去。他还指出：开会要开小会，开短会，不开无准备的会。会上讲短话，话不离题。议这个问题，你就对这个问题发表意见，赞成或反对，讲理由，扼要一点；没有话就把嘴巴一闭。不开空话连篇的会，不发离题万里的议论。开会、讲话都要解决问题。

三　月

必须坚持社会主义道路

1988 年 3 月 1 日，邓小平会见赞比亚总统肯尼斯·戴维·卡翁达，指出：中国的发展对世界来说意义十分重大。因为中国人口占世界人口的五分之一还多，中国摆脱了贫困，就意味着世界五分之一的人口摆脱了贫困。

01

02

1983年3月2日，邓小平结束对苏杭的视察回到北京，与几位中央负责同志谈话时，充分肯定苏州提出的小康六条标准。这六条标准包括：第一，人民的吃、穿、用问题解决了，基本生活有了保障；第二，住房问题解决了，人均达到二十平方米；第三，就业问题解决了，城镇基本上没有待业劳动者了；第四，人不再外流了，农村的人总想往大城市跑的情况已经改变；第五，中小学教育普及了，教育、文化、体育和其他公共福利事业有能力自己安排了；第六，人们的精神面貌变化了，犯罪行为大大减少。图为邓小平在杭州西湖。

1987年3月3日，邓小平会见美国国务卿乔治·舒尔茨，指出：国外有些人过去把我看作是改革派，把别人看作是保守派。我是改革派，不错；如果要说坚持四项基本原则是保守派，我又是保守派。所以，比较正确地说，我是实事求是派。

三月

03

三月

04

1985年3月4日，邓小平会见日本商工会议所所长五岛升，指出：现在世界上真正大的问题，带全球性的战略问题，一个是和平问题，一个是经济问题，或者说发展问题。和平问题是东西问题，发展问题是南北问题。

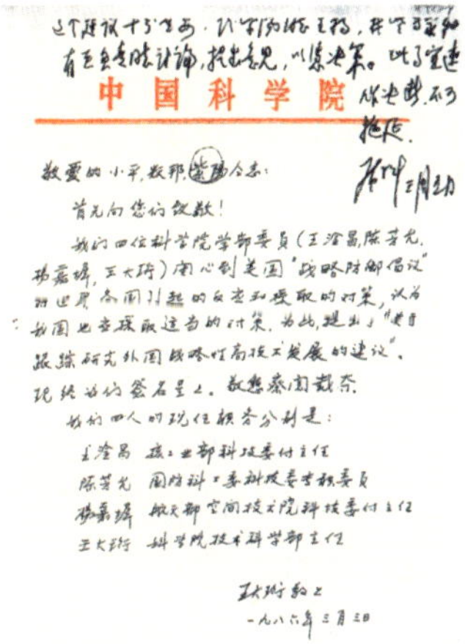

这个建议十分重要，找些专家和有关负责同志讨论，提出意见，以凭决策。此事宜速作决断，不可拖延。

邓小平 三月五日

中国科学院

敬爱的小平、紫阳同志：

首先向您们致敬！

我们四位科学院学部委员（王淦昌、陈芳允、杨嘉墀、王大珩）关心到美国"战略防御倡议"对世界各国引起的反应和采取的对策，认为我国也要采取适当的对策，为此，提出了"关于跟踪研究外国战略性高技术发展的建议"。现经我们签名呈上。敬恳审阅裁夺。

我们四人的现任职务分别是：

王淦昌 核工业部科技委副主任

陈芳允 国防科工委科技委专职委员

杨嘉墀 航天部空间技术院科技委副主任

王大珩 科学院技术科学部主任

王大珩 敬上

一九八六年三月三日

1986年3月5日，邓小平在王大珩、王淦昌、杨嘉墀、陈芳允四位科学家关于跟踪研究外国战略性高技术发展的来信上批示："找些专家和有关负责同志讨论，提出意见，以凭决策。此事宜速作决断，不可拖延。"在邓小平的大力推动下，1986年11月，中共中央、国务院批准了《高技术研究发展计划纲要》，该计划简称为"八六三"计划。计划中选择将对中国未来经济和社会发展有重大影响的生物技术、航天技术、信息技术、先进防御技术、自动化技术、能源技术和新材料技术的一些领域作为突破重点，在几个重要的高技术领域跟踪世界水平。上图为倡议实施"八六三"高科技计划的四位科学家王淦昌、王大珩、杨嘉墀、陈芳允在一起。

05

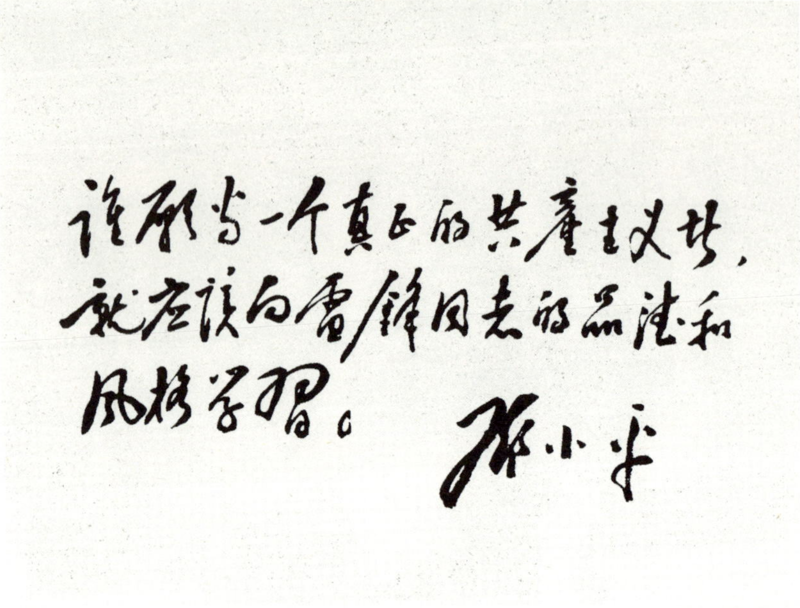

谁愿当一个真正的共产主义者，就应该向雷锋同志的品德和风格学习。

邓小平

1963年3月6日，《解放军报》刊登邓小平为雷锋题的词：“谁愿当一个真正的共产主义者，就应该向雷锋同志的品德和风格学习。”

06

07

1985年3月7日，邓小平出席全国科技工作会议闭幕式，接见与会同志和首都科技界代表，并作题为《改革科技体制是为了解放生产力》的讲话。他指出：经济体制、科技体制，这两方面的改革都是为了解放生产力。改革经济体制，最重要的、我最关心的，是人才。改革科技体制，我最关心的，还是人才。善于发现人才，团结人才，使用人才，是领导者成熟的主要标志之一。

1978年3月8日，邓小平在全国政协五届一次会议上当选全国政协主席。他在闭幕会上的讲话指出：实现社会主义的四个现代化，是前所未有的伟大事业，是一场极其深刻的革命。我国革命统一战线必将在实现新时期总任务的斗争中，在向四个现代化的伟大进军中，发挥它的重要作用。

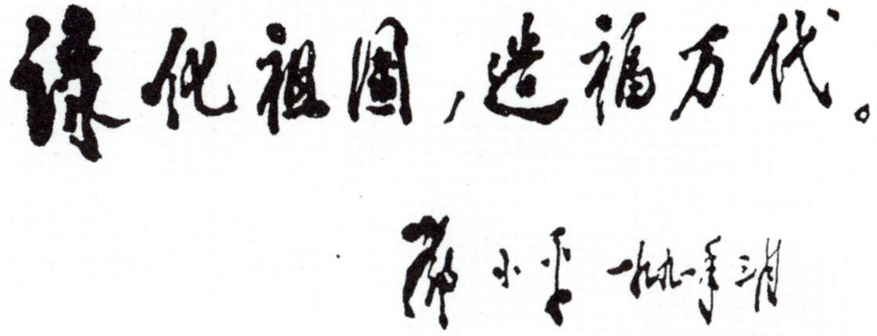

09

1991 年 3 月，邓小平为庆祝全民义务植树活动 10 周年题词：“绿化祖国，造福万代。”

1960 年 3 月 10 日，邓小平参观北京第一机床厂，感受用和面机和好的面。

10

1964年3月11日，邓小平同刘少奇设宴欢送率领罗马尼亚工人党中央代表团访华的罗马尼亚工人党中央政治局委员、部长会议主席扬·格奥尔基·毛雷尔。

11

三月

12

三月

1983 年 3 月 12 日，邓小平到十三陵中直机关造林基地参加义务植树劳动。他对参加劳动的中直机关干部说：植树造林，绿化祖国，是建设社会主义，造福子孙后代的伟大事业，要坚持二十年，坚持一百年，坚持一千年，要一代一代永远干下去。1979 年 2 月 23 日，五届全国人大常委会六次会议通过决议，决定将每年的 3 月 12 日定为我国的植树节。

三
月

13

1983年3月13日，邓小平出席中共中央举行的纪念卡尔·马克思逝世一百周年大会。

14

1949 年 3 月 14 日，邓小平出席中共中央书记处召集的座谈会，讨论各大战略区的人事安排问题。会议决定邓小平任中共中央华东局第一书记。3 月 5 日至 13 日，中共七届二中全会召开。会议期间，毛泽东经常找邓小平、陈毅、谭震林等商量渡江作战的问题。毛泽东对邓小平说：渡江作战就交给你指挥了。图为邓小平在部署渡江战役。

15

三月

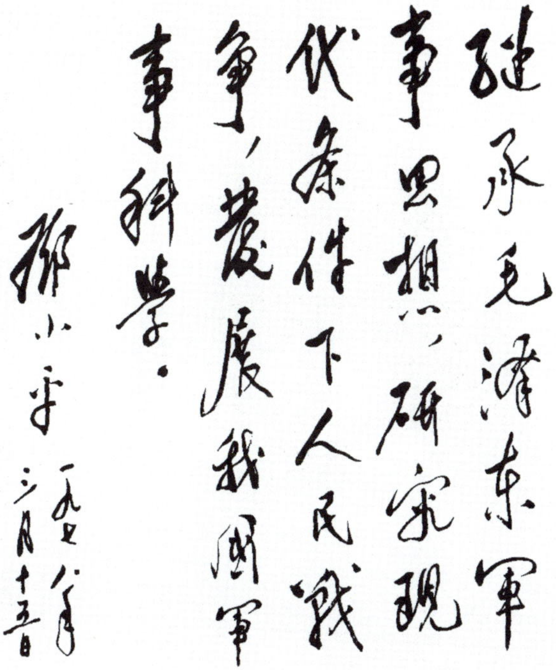

1978年3月15日，邓小平为庆祝中国人民解放军军事科学院建院二十周年题词：“继承毛泽东军事思想，研究现代条件下人民战争，发展我国军事科学。”

三月

16

1979 年 3 月 16 日，邓小平应上海市民政局要求，口述张锡瑗的简况。1928 年春，邓小平与同在上海中共中央机关从事地下革命工作的张锡瑗结为革命伴侣。1929 年，张锡瑗因产褥热不幸去世。（图中为张锡瑗烈士墓的第一块墓碑，后因“锡”字误写为“钖”而重新立碑。）

17

1979年3月17日晚，邓小平和宋庆龄观看美国波士顿交响乐团访华的首场演出。演出休息时他接见团长小泽征尔等乐团主要负责人，并说：这是中美两国关系正常化以后美国第一个艺术团到中国访问，表明中美两国人民间的交往在日益增多，将有助于增进中美两国人民之间的了解和友谊。

三月

18

1978年3月18日，邓小平在中共中央召开的全国科学大会开幕式上讲话，指出：四个现代化，关键是科学技术的现代化。没有现代科学技术，就不可能建设现代农业、现代工业、现代国防。没有科学技术的高速度发展，也就不可能有国民经济的高速度发展。图为邓小平同参会的著名数学家陈景润握手。

19

三月

1980年3月19日，邓小平同参与起草《关于建国以来党的若干历史问题的决议》的有关同志谈话，对历史决议的起草提出三点要求：第一，确立毛泽东同志的历史地位，坚持和发展毛泽东思想。要写毛泽东思想的历史，毛泽东思想形成的过程。要正确评价毛泽东思想，科学地确立毛泽东思想的指导地位。第二，对建国三十年来历史上的大事，哪些是正确的，哪些是错误的，要进行实事求是的分析，包括一些负责同志的功过是非，要做出公正的评价。第三，通过这个决议对过去的事情做个基本的总结。这个总结宜粗不宜细。总结过去是为了引导大家团结一致向前看。总的指导思想，就是这三条。其中最重要、最根本、最关键的还是第一条。

20

1960 年 3 月 20 日，邓小平参观中国人民革命军事博物馆。

21

1979 年 3 月 21 日，邓小平会见英中文化协会会长马尔科姆·麦克唐纳，指出：我们定的目标是在本世纪末实现四个现代化。我们的概念与西方不同，我姑且用个新说法，叫作中国式的四个现代化。

22

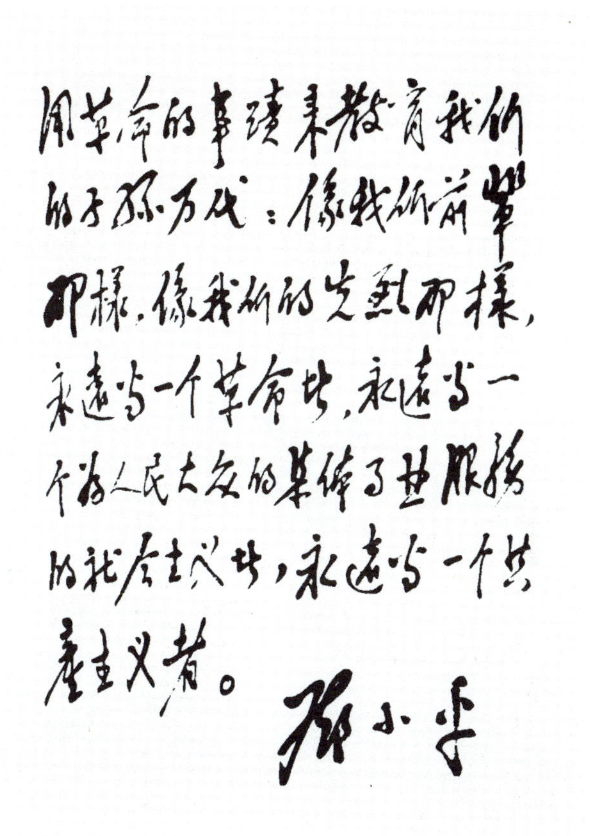
用革命的事迹来教育我们的子孙万代：像我们前辈那样，像我们的先烈那样，永远当一个革命者，永远当一个为人民大众的集体事业服务的社会主义者，永远当一个共产主义者。
邓小平

1963年3月，邓小平为广西军区政治部编辑的《广西革命回忆录》续集题词：“用革命的事迹来教育我们的子孙万代：像我们前辈那样，像我们的先烈那样，永远当一个革命者，永远当一个为人民大众的集体事业服务的社会主义者，永远当一个共产主义者。”

23

三月

1954 年 3 月 23 日，邓小平出席毛泽东主持召开的中华人民共和国宪法起草委员会第一次会议。会议讨论宪法草案初稿。

1981年3月24日，邓小平会见坦桑尼亚总统朱利叶斯·克·尼雷尔。他在谈到毛泽东时说：中国革命的历程已经证明，如果没有毛泽东同志的领导，中国人民至少还要在黑暗中摸索很多年才能取得胜利。所以我们说要正确评价毛主席。毛主席的一生，成绩是第一位的，错误是第二位的。

24

三月

1984年3月25日，邓小平会见日本首相中曾根康弘。他在谈到个人经历时说：我自从十八岁加入革命队伍，就是想把革命干成功，没有任何别的考虑，经历也是艰难的就是了。在我一生中，最高兴的是解放战争的三年。在“文化大革命”前，工作搞对的有我的份，搞错的也有我的份，不能把那时候的失误都归于毛主席。我一生最痛苦的当然是“文化大革命”的时候。其实即使在那个处境，也总相信问题是能够解决的。

25

26

1951 年 3 月 26 日，邓小平出席中共中央西南局第一次统战工作会议并作总结报告。他指出：我们革命的胜利是和统一战线工作分不开的，没有统一战线，仗不会打得那样好，即使打胜了，工作也不会做得那样好。统战工作是我们党的总路线总政策的一部分，是要贯彻到底的。邓小平主政西南期间邀请民主人士参加西南军政委员会，齐心协力建设大西南。图为邓小平、贺龙、王维舟与西南军政委员会副主席龙云、熊克武、刘文辉的合影。

27

1987年3月27日，邓小平会见喀麦隆总统、喀麦隆人民民主联盟全国主席保罗·比亚，提出衡量一个国家政治体制、政治结构和政策是否正确的三条标准：一是看国家的政局是否稳定；二是看能否增进人民的团结，改善人民的生活；三是看生产力能否得到持续发展。

三月

28

1985年3月28日，邓小平会见日本自民党副总裁二阶堂进，指出：改革是中国的第二次革命。我们的方针是，胆子要大，步子要稳，走一步，看一步。我们的政策是坚定不移的，不会动摇的，一直要干下去，重要的是走一段就要总结经验。图为1977年10月14日，邓小平会见时任日本众议院议员、前官房长官的二阶堂进。

三月

29

1973年3月29日，邓小平结束了在江西长达三年多的监管劳动，回到北京后见到了分别已久的毛泽东。同毛泽东见面握手时，毛泽东说："努力工作，保护身体。"毛泽东问起这些年是怎么过来的，邓小平回答说："等待。"

30

1979年3月30日，邓小平在党的理论工作务虚会上发表讲话，强调：要在中国实现四个现代化，必须在思想政治上坚持四项基本原则。这是实现四个现代化的根本前提。他提出四项基本原则是：一、必须坚持社会主义道路；二、必须坚持无产阶级专政（后表述为人民民主专政）；三、必须坚持共产党的领导；四、必须坚持马列主义、毛泽东思想。

31

三月

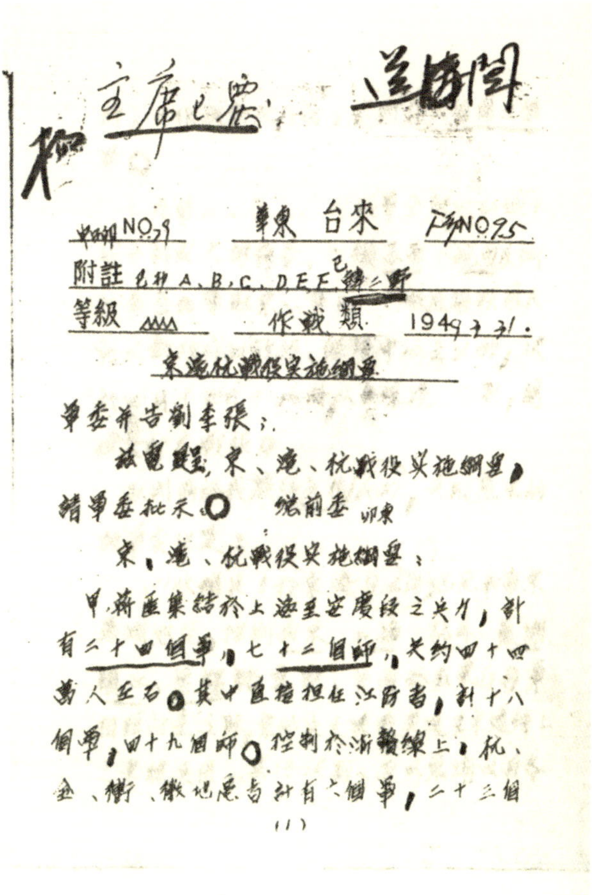
華東 台來
附註 已抄A、B、C、D、E、F 已轉二野
等級 AAAA 作戰類 1949.3.31.
京滬杭戰役實施綱要

軍委并告劉李張：

茲電呈京、滬、杭戰役實施綱要，請軍委批示。 總前委 卯東

京、滬、杭戰役實施綱要：

甲、蔣匪集結於上海至安慶段之兵力，計有二十四個軍，七十二個師，共約四十四萬人左右。其中直接擔任江防者，計十八個軍，四十九個師。控制於浙贛線上，杭、金、衢、徽地區者計有六個軍，二十三個

(1)

1949年3月31日，渡江战役总前委书记邓小平起草《京沪杭战役实施纲要》，制定了详细的作战计划：第一阶段，达成渡江任务，并依据下一阶段之要求，实行战役的展开；第二阶段，达成割裂和包围敌人之任务，并确实控制浙赣线一段，断敌退路；第三阶段，分别歼灭包围之敌，完成全战役。

四　月

发展高科技，实现产业化

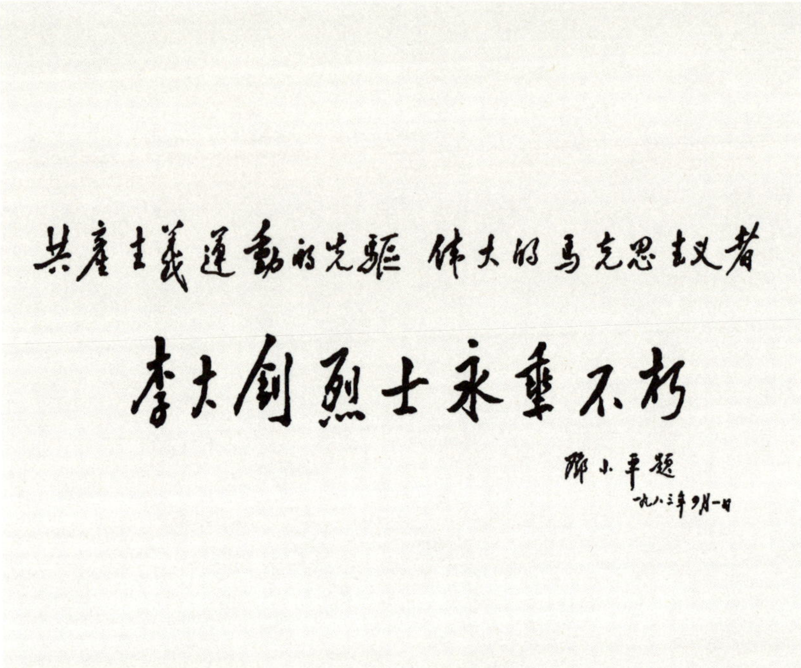

01

1983 年 4 月 1 日，邓小平为李大钊烈士陵园题词：“共产主义运动的先驱伟大的马克思主义者李大钊烈士永垂不朽。”

四月

02

1921 年 4 月 2 日，在法国勤工俭学的邓小平，经华法教育会的介绍到法国克鲁梭市施奈德钢铁厂做工，被分配到轧钢车间当轧钢工，每天工资只有十法郎。图为克鲁梭市施奈德钢铁厂。

四
月

03

1966 年 4 月 3 日，邓小平和李富春重回延安，参观延安革命纪念馆陈列室、枣园、杨家岭、王家坪等革命旧址，受到当地群众的热烈欢迎。

四月

04

1990 年 4 月 4 日，七届全国人大三次会议闭幕。会议决定接受邓小平辞去中华人民共和国中央军事委员会主席职务的请求，选举江泽民为中华人民共和国中央军事委员会主席。图为邓小平在七届全国人大一次会议上。

05

四月

1987年4月5日，邓小平到天坛公园参加北京市全民义务植树日活动。他指着孙女、孙子对身旁的同志说：我这个小孙女和我一起种了六年树，今年植树我又多带个小孙子。要让娃娃们养成种树、爱树的好习惯。

06

1984年4月6日，邓小平和李先念在中南海接见参加中共中央书记处、国务院联合召开的沿海部分城市座谈会的全体同志。沿海部分城市座谈会决定将厦门经济特区扩大到全岛，并实行自由港的某些政策；决定开放由北至南的大连、秦皇岛、天津、烟台、青岛、连云港、南通、上海、宁波、温州、福州、广州、湛江、北海14个沿海港口城市。图为邓小平同李先念接见沿海部分城市座谈会代表后，阅读当天《人民日报》刊登的《蒸蒸日上的深圳经济特区》专版。

07

四月

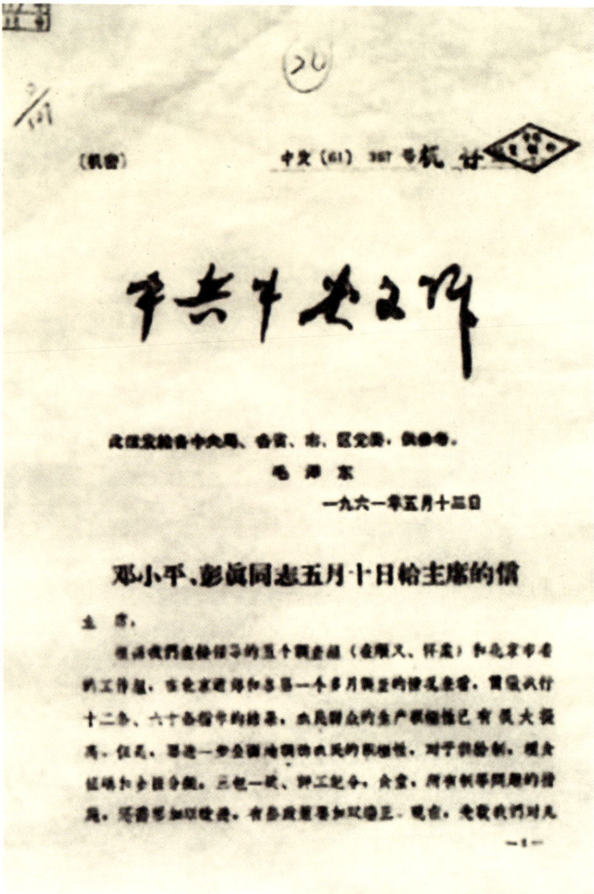
（机密） 中发（61）387号

中共中央文件

此件发给各中央局、各省、市、区党委，供参考。

毛泽东

一九六一年五月十四日

邓小平、彭真同志五月十日给主席的信

主席：

根据我们直接领导的五个调查组（在顺义、怀柔）和北京市委的工作组，在北京郊区和各县一个多月调查的情况来看，贯彻执行十二条、六十条指示的结果，农民群众的生产积极性已有很大提高。但是，要进一步全面地调动农民的积极性，对于供给制、粮食征购和余粮分配、三包一奖、评工记分、食堂、所有制等问题的措施，还需要加以改进，有些政策要加以修正。现在，先就我们对

—1—

1961年4月7日至21日，邓小平和彭真响应毛泽东关于大兴调查研究之风的号召，组织五个调查组，到京郊顺义、怀柔的农村进行调查。他们走访了十几个社队，以蹲点、座谈、访问的形式，详细了解农村和干部群众的实际情况，掌握了大量的第一手材料。5月10日，他们联名写了报告并提交给中央和毛泽东。毛泽东批示并下发了这份调查报告。

08

1988年4月8日，邓小平出席七届全国人大一次会议，投票选举国家领导人。投票后，他习惯性地点燃了一支香烟。一位人大代表见状写了一张纸条："请小平同志在主席台上不要吸烟。"他马上笑着把烟熄掉。图为邓小平同出席七届全国人大一次会议的代表在一起。

09

1942年4月9日，邓小平和刘伯承、蔡树藩就如何指挥游击战争问题，致电陈再道：游击战争瞬间万变、情况急转直下，特别在战争频繁紧张之际，首长要把握战机，果断行事，独断专行，不可犹豫无主，被敌人蒙骗。在战争空隙时注意休养部队，保持部队指战员体力，休养生机，并进行政治工作。图为1989年11月20日，邓小平在北京亲切会见中国人民解放军第二野战军的老同志，右一为陈再道。

四月

10

1974年4月10日，邓小平在联合国大会第六届特别会议上发言，阐述中国政府对国际形势的基本看法和对外关系的原则。他指出：中国是一个社会主义国家，也是一个发展中国家，中国属于第三世界。中国政府和人民，一贯支持一切被压迫人民和被压迫民族争取和维护民族独立，发展民族经济，反对殖民主义、帝国主义、霸权主义的斗争，这是我们应尽的国际主义义务。中国现在不是，将来也不做超级大国。邓小平的讲演引起世界各国的高度关注，特别引起第三世界国家的强烈反响并受到热烈欢迎，各国媒体对此做了大量的报道和评论。

11

1940年4月11日，太行军政委员会成立，统一领导太行、太岳、冀南三区的工作，邓小平任书记。图为抗日战争时期的邓小平。

四月

12

1973 年 4 月 12 日晚，邓小平出席在人民大会堂举行的欢迎柬埔寨国家元首诺罗敦·西哈努克亲王的宴会。邓小平的出现，引起国外舆论的广泛关注。西方一家杂志社称他为“打不倒的东方小个子”。

13

1987 年 4 月 13 日，邓小平出席《中葡两国政府关于澳门问题的联合声明》的签字仪式。联合声明宣布，中华人民共和国将于 1999 年 12 月 20 日对澳门恢复行使主权。图为邓小平和葡萄牙总理阿尼巴尔·卡互科·席尔瓦举杯庆祝。

14

1979 年 4 月，在中共中央工作会议期间，邓小平对中共广东省委负责人习仲勋、杨尚昆提出的在邻近香港、澳门的深圳、珠海以及汕头兴办出口加工区的意见表示赞同。他说：还是叫特区好，陕甘宁开始就叫特区嘛！中央没有钱，可以给些政策，你们自己去搞，杀出一条血路来。图为深圳建设者点燃移山平地的开山炮。

四月

15

1985年4月15日，邓小平会见坦桑尼亚副总统阿里·哈桑·姆维尼，指出：贫穷不是社会主义，社会主义要消灭贫穷。不发展生产力，不提高人民的生活水平，不能说是符合社会主义要求的。

四月

16

1987 年 4 月 16 日，邓小平会见出席香港特别行政区基本法起草委员会第四次全体会议的全体委员，指出："一国两制"能不能够真正成功，要体现在香港特别行政区基本法里面。这个基本法还要为澳门、台湾作出一个范例。

1951年4月17日，邓小平出席中共中央西南局、西南军政委员会、西南军区机关为阿沛·阿旺晋美率领的西藏地方政府赴京谈判代表团举行的欢迎会。图为邓小平欢迎以阿沛·阿旺晋美为首的西藏地方政府赴京谈判代表团途经重庆前往北京。

四月

17

四月

18

四月

1974年4月18日，邓小平结束在法国的访问，乘专机离开巴黎回国。访问法国期间，他让使馆工作人员帮助寻找当年他和周恩来等人在巴黎从事革命活动时的住所旧址（位于巴黎意大利广场的一家小旅馆），到巴黎街头购买咖啡、法式牛角面包和奶酪。回国后，他亲自将牛角面包、奶酪分送给当年同在法国勤工俭学和参加革命活动的周恩来、李富春、聂荣臻、蔡畅等老战友。图为1963年10月，周恩来和邓小平在一起。

19

1974 年 4 月 19 日，邓小平率领参加联合国大会的代表团回国。周恩来不顾病痛前往机场，以隆重的仪式迎接邓小平。此后，邓小平接替周恩来，承担了大量的外事工作。图为邓小平率团出发时，周恩来抱病亲自到机场送行。

20

1949 年 4 月 20 日夜，由刘伯承、陈毅、邓小平、粟裕、谭震林组成的总前敌委员会（邓小平为书记）指挥的第二、第三野战军，在第四野战先遣兵团和中原军区部队的配合下，发起渡江战役。百万雄师强渡长江，4 月 23 日解放南京，延续二十二年的国民党反动统治宣告覆灭。

21

1975年4月21日，邓小平批准外交部、教育部、文化部、中国科学院《关于加强对联合国教科文组织工作的请示报告》。《请示报告》建议：对联合国教科文组织的工作，由教育部抓总，其他有关部门协助；成立中国联合国教科文组织事务工作委员会；充实常驻联合国教科文组织代表团；向秘书处派出少量工作人员。图为联合国教科文组织举办庆祝“国际中文日”的活动。

22

四月

1987 年 4 月 22 日，邓小平在中南海选区怀仁堂投票站投票选举北京市西城区第九届人大代表。邓小平一贯强调，在社会主义现代化建设中，必须大力发展社会主义民主，健全社会主义法制，努力建设社会主义民主政治。

23

1991年4月23日，邓小平为国家科委召开的全国“八六三”计划工作会议和高新技术产业开发区工作会议题词：“发展高科技，实现产业化”。

四月

24

1986年4月24日，邓小平会见香港知名人士安子介等人。他说："一国两制"是国策。"一国两制"首先体现在基本法里，但基本法还不能完全解决问题，还要靠实践。香港问题解决的程序，第一是搞基本法，这是非常郑重的事情。第二就是交接，要顺利交接。驻军是体现国家主权，是个安定因素。图为1983年6月25日，邓小平同出席全国政协六届一次会议的港澳委员安子介握手。

1982 年 4 月 25 日，邓小平会见阿尔及利亚总统、民族解放阵线党总书记沙德利·本·杰迪德，指出：在当前更加动荡的国际环境下，不仅要把南北对话提到议事日程上来，南南合作也是一个非常重要的问题。第三世界国家要发展，就需要不断加强自身合作。第三世界国家各有特点和长处，可以互相借鉴，是有能力进行合作的，合作的领域是很广阔的。

25

四月

26

1987 年 4 月 26 日，邓小平会见捷克斯洛伐克总理卢博米尔·什特劳加尔，指出：最根本的一条经验教训，就是要弄清什么叫社会主义和共产主义，怎样搞社会主义。搞社会主义必须根据本国的实际。到下个世纪中叶，我们可以达到中等发达国家的水平。我们坚持社会主义，要建设对资本主义具有优越性的社会主义，首先必须摆脱贫穷。现在虽说我们也在搞社会主义，但事实上不够格。只有到了下世纪中叶，达到了中等发达国家的水平，才能说真的搞了社会主义，才能理直气壮地说社会主义优于资本主义。

1949年4月27日深夜，邓小平率渡江战役总前委、中共中央华东局机关进驻南京，并和陈毅来到蒋介石居住多年的总统府。邓小平感慨道：“二十二年前的4月12日，蒋介石在上海发动了反革命政变，大肆屠杀共产党人和革命群众，他是手执屠刀上台的，今天他终于垮台了！”陈毅则吟起了几天前就已腹就的磅礴诗句：“旌旗南指大江边，不尽洪流涌上天。直下金陵澄六合，万方争颂换人间。”图为油画《占领总统府》。

四月

28

1984 年 4 月 28 日，邓小平会见美国总统罗纳德·里根，指出：和平是我们共同关心的首要问题。中国的发展对中美关系的发展有利。中美两国在国际问题上有许多共同看法，也有不少分歧。两国都有发展关系的愿望。希望两国领导人、政府成员更多往来，交换意见，解开疙瘩，较快地发展中美交流和中美关系。里根是自中美两国 1979 年建交以来访问中国的第一位在职的美国总统。

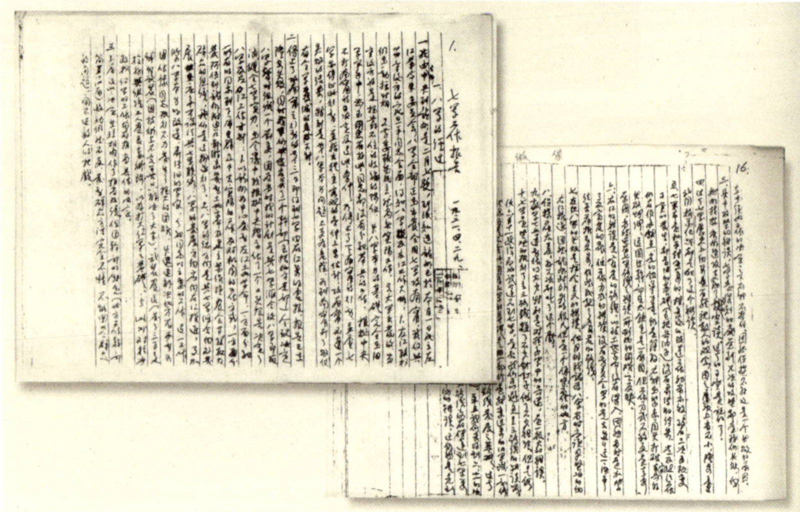

29

1931年4月29日，邓小平在上海撰写给中共中央的《七军工作报告》。报告共一万五千余字，分四个部分，详细报告红七军、红八军的建立和战斗的经过，左右江地区地方党的状况及土地革命的工作，总结百色起义、龙州起义的经验教训。

30

1987 年 4 月 30 日，邓小平会见西班牙工人社会党副总书记、政府副首相阿方索·格拉。他在谈话中完整阐述分三步走实现现代化的发展战略，指出：我们原定的目标是，第一步在 80 年代翻一番。以 1980 年为基数，当时国民生产总值人均只有二百五十美元，翻一番，达到五百美元。第二步是到本世纪末再翻一番，人均达到一千美元。实现这个目标意味着我们进入小康社会，把贫困的中国变成小康的中国。我们制定的目标更重要的还是第三步，在下世纪用三十年到五十年再翻两番，大体上达到人均四千美元。做到这一步，中国就达到中等发达的水平。这是我们的雄心壮志。

五　月

尊重知识，尊重人才

1961年5月1日，邓小平和董必武、李富春、贺龙、陈毅、彭真等人，在北京市少年宫与少年儿童一起欢度五一国际劳动节。

01

02

1926年5月，国民军领导人冯玉祥请求莫斯科中山大学和东方劳动者共产主义大学选拔四五十名优秀共产党员到他的部队做政治工作。11月，中共中央和共产国际决定，先选派二十几人。邓小平被列入选派人员名单，党组织对他的鉴定是："非常积极，有能力，是一名优秀的组织工作者。守纪律，沉着坚定。学习优秀。党性强。"邓小平于1926年底从莫斯科启程回国。图为1926年9月，在苏联和中国共产党的支持下，冯玉祥率领国民军在五原举行誓师大会，宣布参加国民革命。

五月

1975年5月3日夜，邓小平前往毛泽东住处，出席毛泽东召集的中共中央政治局会议。这是毛泽东最后一次出席中央政治局会议。图为毛泽东、邓小平在毛泽东住处同工作人员合影。

03

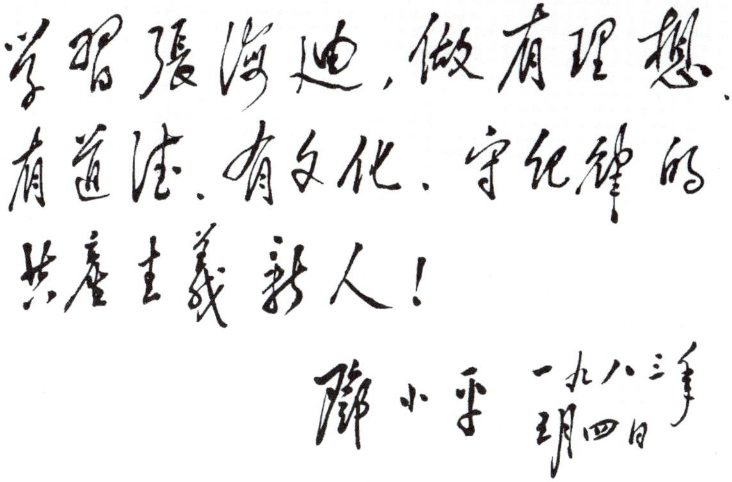

04

1983 年 5 月 4 日，邓小平为号召向优秀共青团员张海迪学习题词：“学习张海迪，做有理想、有道德、有文化、守纪律的共产主义新人！”

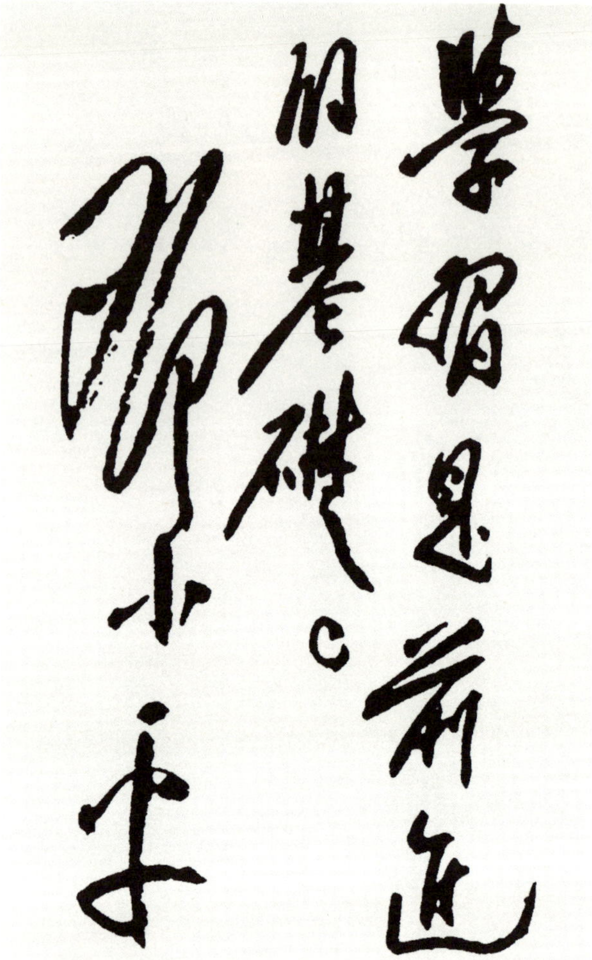

1951 年 5 月 5 日，邓小平为《中国人民解放军第二步兵学校成立暨第一期开学典礼特刊》题词：“学习是前进的基础。”

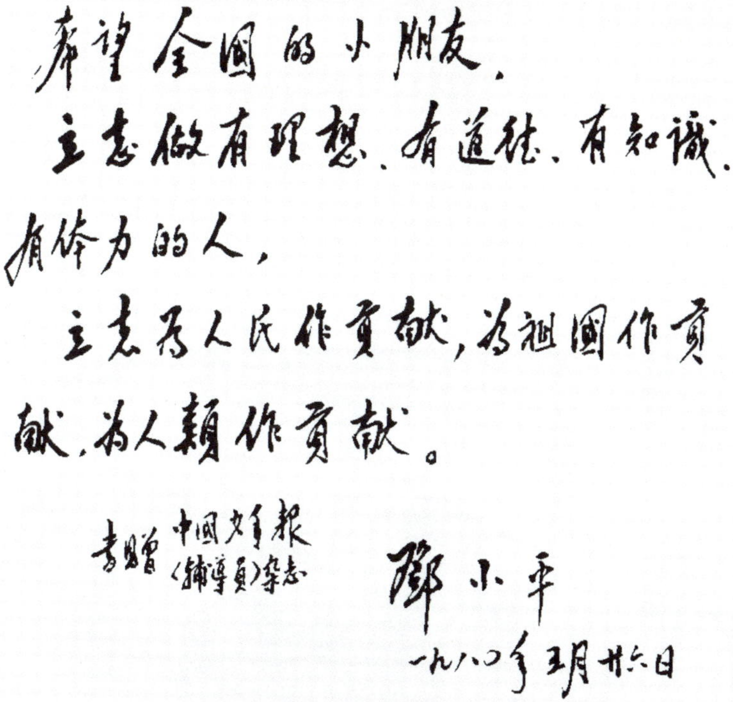
希望全国的小朋友，立志做有理想、有道德、有知识、有体力的人，立志为人民作贡献，为祖国作贡献，为人类作贡献。

书赠中国少年报《辅导员》杂志

邓小平

一九八〇年五月廿六日

06

1980年5月，邓小平为《中国少年报》和《辅导员》杂志题词："希望全国的小朋友，立志做有理想、有道德、有知识、有体力的人，立志为人民作贡献，为祖国作贡献，为人类作贡献。"6月1日，《人民日报》发表了这则题词。

07

五月

1978年5月7日，邓小平会见马达加斯加政府经济贸易代表团，指出：科学技术本身是没有阶级性的，资本家拿来为资本主义服务，社会主义国家拿来为社会主义服务。我们要把世界一切先进技术、先进成果作为我们发展的起点。我们的口号是少说空话，多做工作。

08

五月

1982 年 5 月 8 日，邓小平会见美国副总统乔治·布什，指出：中美关系不管你们哪个党执政，都应该有一个共同的原则，就是要发展，而不要停滞，更不应该倒退。《与台湾关系法》是发展中美关系中的一个关键问题。图为 1989 年邓小平会见来访的美国总统布什。

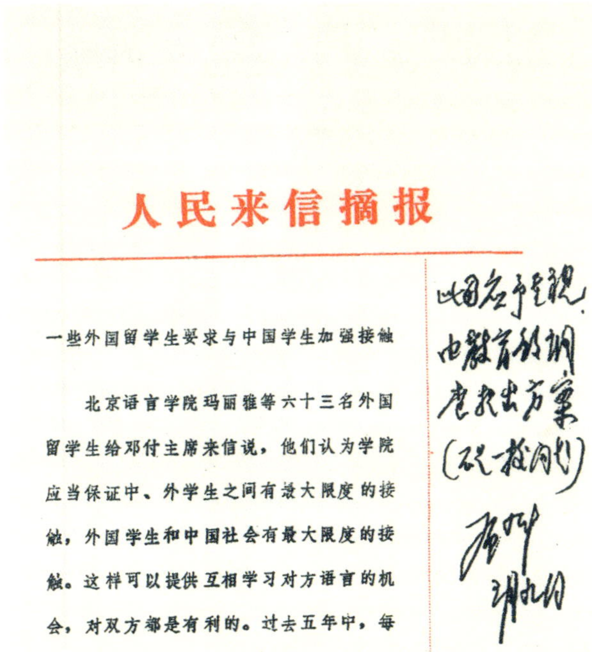

人民来信摘报

一些外国留学生要求与中国学生加强接触

北京语言学院玛丽雅等六十三名外国留学生给邓付主席来信说，他们认为学院应当保证中、外学生之间有最大限度的接触，外国学生和中国社会有最大限度的接触。这样可以提供互相学习对方语言的机会，对双方都是有利的。过去五年中，每

此事应予重视，由教育部调查提出方案（[illegible]）

邓

5月9日

09

1978年5月9日，邓小平对《人民来信摘报》反映的北京语言学院部分外国留学生要求与中国学生加强接触一事，作出批示：“此事应予重视，由教育部调查提出方案。”

实践是检验真理的唯一标准

本报特约评论员

检验真理的标准只能是社会实践

理论与实践的统一，是马克思主义的一个最基本的原则

五月

10

1978年5月10日，《实践是检验真理的唯一标准》一文在中共中央党校内部刊物《理论动态》上发表，11日在《光明日报》上以特约评论员名义公开发表。文章重申了马克思主义认识论的一个基本原理：社会实践不仅是检验真理的标准，而且是唯一的标准。在邓小平的支持和领导下，一场规模宏大、内涵丰富、影响深远的关于真理标准问题的大讨论，在全国轰轰烈烈地展开。这场大讨论，冲破了“两个凡是”的严重束缚，推动了全国性的马克思主义思想解放运动，为中共十一届三中全会的召开做了重要的思想准备。

五月

11

1987 年 5 月 11 日，邓小平会见联合国秘书长哈维尔·佩雷斯·德奎利亚尔，指出：西方要发展，从长远讲，如果只在它自己的那个小圈子里搞保护主义，不能解决问题，它需要新的市场。在发达国家内部已到了饱和程度的情况下，新市场在第三世界那里。

五月

12

1975年5月12日，邓小平乘专机离开北京前往法国访问。他在与法国总理雅克·希拉克会谈时说：展望中法两国关系的前景，我们是很有信心的，因为我们之间有许多共同点。我们两国都坚持不懈地捍卫和维护自己的独立，不允许别人对我们发号施令，为所欲为。图为邓小平在接受法国记者采访。

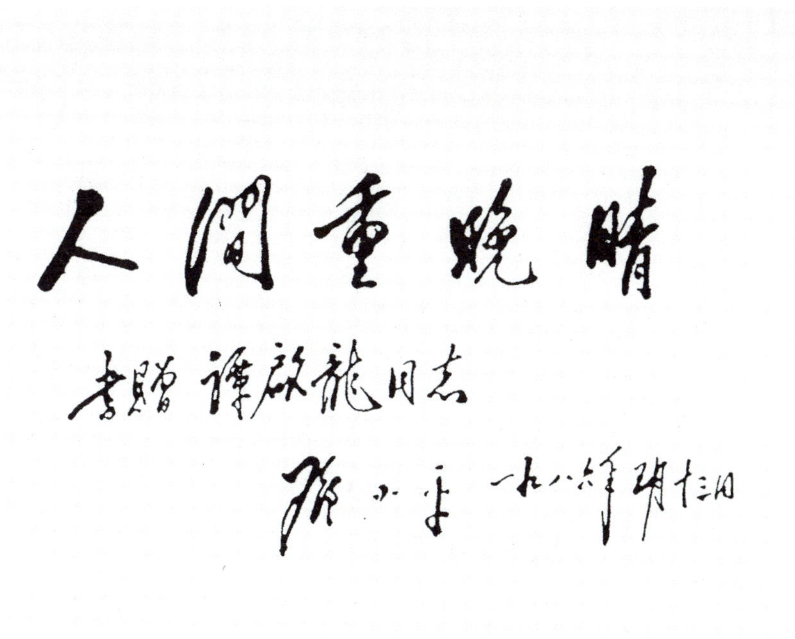

1986年5月13日，邓小平为中共中央顾问委员会委员谭启龙题写赠言：“人间重晚晴”。

13

14

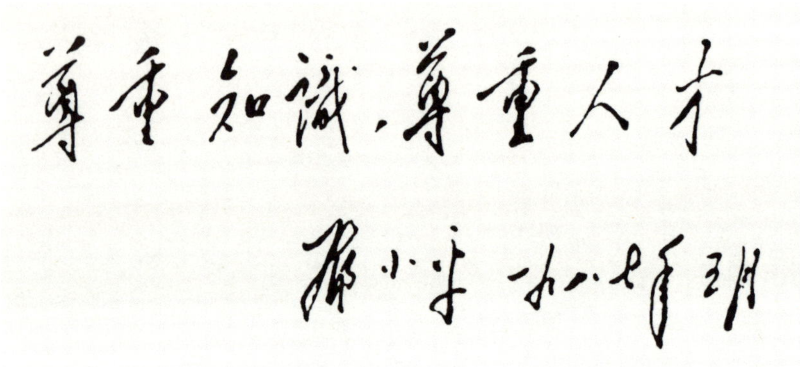

1987年5月14日，邓小平为全军医学科学技术大会题词：“尊重知识，尊重人才。”

15

1981年5月15日，邓小平出席中共中央政治局会议。会议一致决定接收宋庆龄为中共正式党员并建议全国人大常委会授予宋庆龄中华人民共和国名誉主席荣誉称号。6月3日，邓小平出席宋庆龄追悼会并致悼词，指出：宋庆龄同志鞠躬尽瘁，七十年如一日，把毕生精力献给中国人民民主和社会主义事业，献给世界和平和人类进步事业。她在任何情况下都保持着坚定的政治原则性，威武不屈，富贵不淫，高风亮节，永垂千古。尤其难能可贵的是，她跟随历史的脚步不断前进，从伟大的革命民主主义者成为伟大的共产主义者。图为1980年元旦，邓小平和宋庆龄在全国政协举行的茶话会上交谈。

1989年5月16日，邓小平会见苏联最高苏维埃主席团主席、苏共中央总书记米哈伊尔·戈尔巴乔夫。他在谈到中苏两党对马克思主义和社会主义的理解问题时说：马克思去世以后一百多年，究竟发生了什么变化，在变化的条件下，如何认识和发展马克思主义，没有搞清楚。绝不能要求马克思为解决他去世之后上百年、几百年所产生的问题提供现成答案。列宁同样也不能承担为他去世以后五十年、一百年所产生的问题提供现成答案的任务。真正的马克思列宁主义者必须根据现在的情况，认识、继承和发展马克思列宁主义。

五月

16

17

1980年5月17日，邓小平出席刘少奇追悼大会并致悼词，指出：刘少奇同志为共产主义事业战斗了一生。他是受到全党和全国各族人民爱戴的、久经考验的、卓越的党和国家领导人。刘少奇同志和人民同呼吸共命运，他强调国家主席是人民的勤务员，革命工作没有高低贵贱之分，在任何岗位上都应该全心全意地为人民服务。对于工作中的缺点和错误，他总是从人民的利益出发，勇于纠正，勇于承担责任。我们要学习他这种对党对人民无限信任的革命品质。

五月

18

1964年5月18日，邓小平在中共中央工作会议上作关于会议安排的说明。5月15日至6月17日，中共中央工作会议召开。会议对毛泽东提出的三线建设问题进行了讨论。1965年夏，三线建设进入实质性实施阶段。从20世纪80年代起，国家对三线建设实施全面调整和改造。图为1965年邓小平、李富春到西南视察三线建设。

19

1985年5月19日，邓小平出席全国教育工作会议并讲话，指出：我们国家国力的强弱，经济发展后劲的大小，越来越取决于劳动者的素质，取决于知识分子的数量和质量。一个十亿人口的大国，教育搞上去了，人才资源的巨大优势是任何国家比不了的。有了人才优势，再加上先进的社会主义制度，我们的目标就有把握达到。忽视教育的领导者，是缺乏远见的、不成熟的领导者，就领导不了现代化建设。各级领导要像抓好经济工作那样抓好教育工作。

20

1985年5月20日，邓小平会见应邀来北京大学讲演的台湾大学原教授陈鼓应和妹妹陈桃桃。他指出：要搞四个现代化，要实行开放政策，就不能搞资产阶级自由化。自由化思潮一发展，我们的事业就会被冲乱。不安定，政治动乱，就不可能从事社会主义建设，一切都谈不上。治理国家，这是一个大道理，要管许多小道理。那些小道理或许有道理，但是没有这个大道理就不行。

21

1984年5月21日，邓小平会见美籍华人李政道教授和夫人秦惠箬。他对李政道提出的在中国国内培养博士后和建立博士后流动站的建议表示赞成，指出：这个方法很好。培养和使用相结合，在使用中培养，在培养和使用中发现更高级的人才。十个博士后流动站太少，要建立成百成千的流动站，要成为制度。1985年7月，中国开始实行博士后制度。图为1989年9月16日邓小平会见李政道夫妇。

五月

22

1992年5月22日，邓小平视察首都钢铁公司，指出：主要是解放思想换脑筋。脑筋不换，怎么也推不动。脑筋一活，想得就宽了，路子也就多了，干得也就更好。要真正给企业权力。大中型企业不搞活，社会主义优势在哪里？改革开放进行得好的、发展得快的企业，要用上交的利税、出口创的外汇、技术水平这些活生生的事实来证明它的优越。

五月

1960 年 5 月 23 日，邓小平主持召开中共中央政治局、中共书记处联席会议，传达毛泽东在杭州会议上的讲话。毛泽东在讲话中指出：帝国主义本性是不会变的，要取得世界和平，只有加强力量，在世界范围内建成统一战线，和它作斗争。图为邓小平与毛泽东在一起。

23

五月

24

1985年5月24日，邓小平会见葡萄牙总统拉马略·埃亚内斯，指出：中葡之间没有吵架的问题，只存在一个澳门问题，这个问题在两国建交时已经达成谅解，只要双方友好协商，是不难解决的。

1974年5月25日，邓小平陪同毛泽东、周恩来，会见来访的英国前首相爱德华·希思。在谈到香港问题时，毛泽东指着邓小平说：这是他们的事了。

五
月

25

五月

26

1984 年 5 月 26 日，《人民日报》报道邓小平 5 月 25 日会见出席六届全国人大二次会议和全国政协六届二次会议的港澳地区人大代表和政协委员。邓小平在讲话中强调：我国政府在恢复对香港行使主权之后，有权在香港驻军，这是维护中华人民共和国领土的象征，是国家主权的象征，也是香港稳定和繁荣的保证。

五月

27

1949 年 5 月 27 日，人民解放军解放上海市，共歼国民党军 15 万余人。29 日，邓小平起草中共中央华东局、总前委复中央军委电。电文说“上海之战结果甚好”。图为解放战争时期的邓小平。

五月

28

1960年5月28日，邓小平主持召开中共中央书记处会议。会议讨论国家计委党组《关于发展国民经济第二个五年计划后三年补充计划建议的报告》等文件，决定将这些文件立即印发将参加中共中央政治局扩大会议的人员先行研究和征求意见。他在讲话中指出：过去大家都讲老实话，工作做得不坏。从1958年开始，有些人不讲老实话。各项指标，按确有把握的再打九折。总的说，决不是计划不够，而是是不是太满的问题。图为20世纪60年代的邓小平。

29

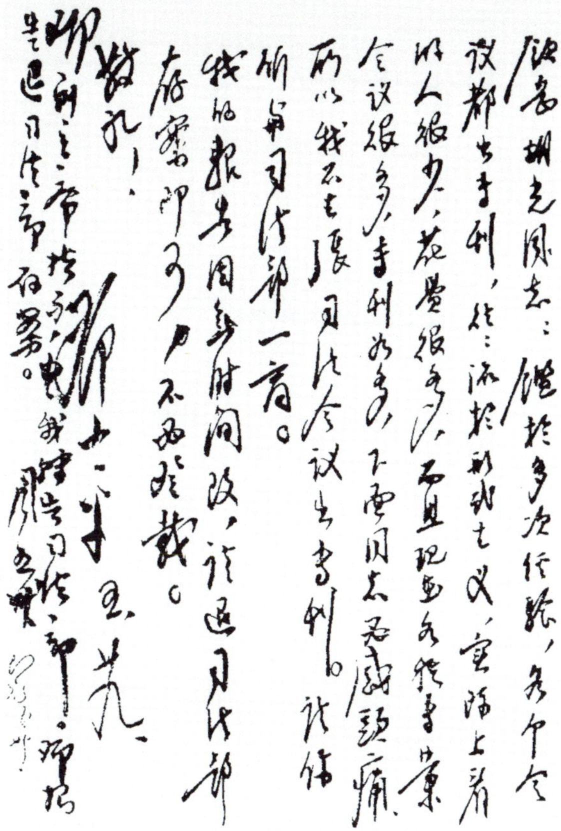
钦岳、胡光同志：鉴于多次经验，各个会议都出专刊，往往流于形式主义，实际上看的人很少，花费很多。而且现在各种专业会议很多，专刊如多，下面同志必感头痛，所以我不主张司法会议出专刊。

1951 年 5 月 29 日，邓小平致信时任西南军政委员会副秘书长的周钦岳和时任办公厅主任的胡光：“鉴于多次经验，各个会议都出专刊，往往流于形式主义，实际上看的人很少，花费很多。而且现在各种专业会议很多，专刊如多，下面同志必感头痛，所以我不主张司法会议出专刊。”

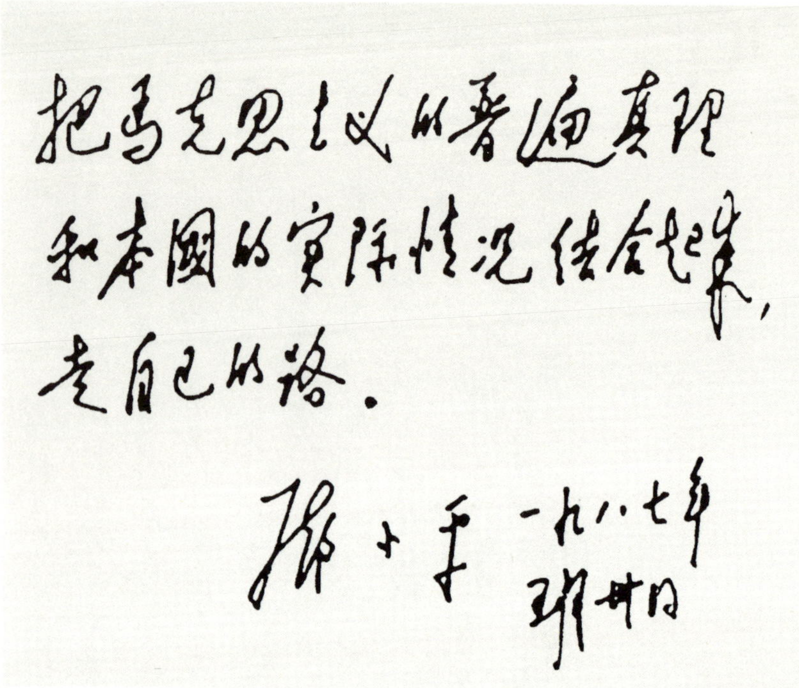

把马克思主义的普遍真理和本国的实际情况结合起来，走自己的路。

邓小平 一九八七年五月卅日

30

1987 年 5 月 30 日，邓小平为南斯拉夫《共产主义者》周刊题词：“把马克思主义的普遍真理和本国的实际情况结合起来，走自己的路。”

五月

31

1989年5月31日，邓小平同李鹏、姚依林谈话，指出：我们这个第二代，我算是个领班人，但我们还是一个集体。对我们这个集体，人民基本上是满意的，主要是因为我们搞了改革开放，提出了四个现代化的路线，而且真正干出了实绩。第三代的领导也一样要取信于民，要干出实绩。最重要的问题是要胸襟开阔。要从大局看问题，放眼世界，放眼未来，也放眼当前，放眼一切方面。图为1989年的邓小平。

六　月

放眼世界，放眼未来

1950年6月1日，邓小平为庆祝六一国际儿童节题词：“儿童是我们的将来，关怀我们的儿童就是创造我们的美好的将来。”图为邓小平同孩子们在一起。

02

1978年6月2日，邓小平出席中国人民解放军全军政治工作会议并讲话，强调：实事求是，是毛泽东思想的出发点、根本点。毛泽东同志历来坚持要用马列主义的立场、观点、方法来提出问题，分析问题，解决问题。马克思主义的活的灵魂，就是具体地分析具体情况。马列主义、毛泽东思想如果不同实际情况相结合，就没有生命力了。

六月

03

1988年6月3日，邓小平会见“九十年代的中国与世界”国际会议全体参会者并发表讲话，指出：我们是在一个贫穷的大国里进行改革的，这在世界上没有先例。我们搞建设有三十九年，有成功的经验，也有失败的教训。但是光凭自己的经验和教训还解决不了问题。中国要谋求发展，摆脱贫穷和落后，就必须开放。开放不仅是发展国际间的交往，而且要吸收国际的经验。

04

1985年6月4日，邓小平出席中央军委扩大会议并发表讲话，提出对国际形势的新判断和中国对外政策的两个重大转变，宣布解放军将裁减员额一百万。他指出：我们奉行独立自主的正确的外交路线和对外政策，高举反对霸权主义、维护世界和平的旗帜，坚定地站在和平力量一边，谁搞霸权主义就反对谁，谁搞战争就反对谁。

05

世界橋牌協會
WORLD BRIDGE FEDERATION

榮譽金獎
ORDER OF MERIT
GOLD DIVISION

頒發給
Presented to

鄧小平先生
MR. DENG XIAO PING

感謝他爲世界橋牌發展及推廣之傑出貢獻
to appreciate his distinguished contribution to the development and promotion of bridge world-wide

世界橋牌協會
WORLD BRIDGE FEDERATION

Denis Howard 霍華德
President 會長

六月

1993年6月，世界桥牌协会为邓小平颁发荣誉金奖证书，以表彰邓小平为在人口最多的中国以及世界推广和发展桥牌运动做出的杰出贡献。

06

1985年6月6日，邓小平和邓颖超等接见参加“大陆与台湾”学术研讨会的海内外学者。他指出：在我们的国家，搞资产阶级自由化，就是走资本主义道路，就统一不起来了。搞资产阶级自由化，我们内部就成了一个乱的社会，不是一个安定的社会，什么建设都搞不成了。对我们来说，这是一个非常关键的原则的问题。

六月

07

1952年6月7日，邓小平主持召开西南军政委员会第七十三次行政会议，听取铁路工程局关于成渝铁路全线通车的报告。他指出：成渝铁路通车是一件大事，不但是西南，在全国来说也是一件大事。西南是交通第一，有了铁路就好办事。成渝铁路是新中国成立后修建的第一条铁路，也是中国铁路史上第一条由中国人自己设计施工、用自己生产的钢轨和枕木建成的铁路。7月1日，成渝铁路全线通车，邓小平出席通车典礼，并在“通车典礼纪念册”上签字。

08

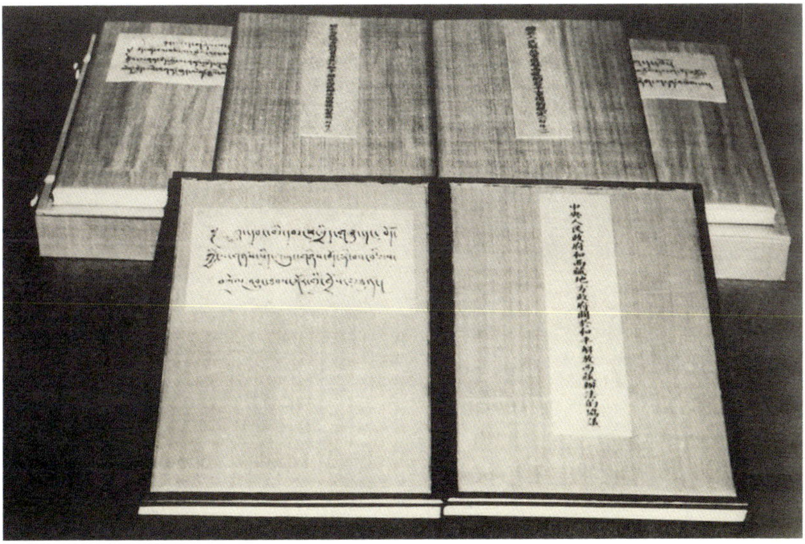

图为中央人民政府和西藏地方政府签订的《中央人民政府和西藏地方政府关于和平解放西藏办法的协议》汉、藏文本。

六月

1989年6月9日，邓小平在中南海怀仁堂接见首都戒严部队军以上干部并发表讲话，指出：党的十一届三中全会制定的路线、方针、政策，包括我们发展战略的“三部曲”，正确不正确？党的十三大概括的“一个中心、两个基本点”对不对？从发展战略到方针政策，包括改革开放，都是对的。要说不够，就是改革开放得还不够。我们原来制定的基本路线、方针、政策，照样干下去，坚定不移地干下去。

09

10

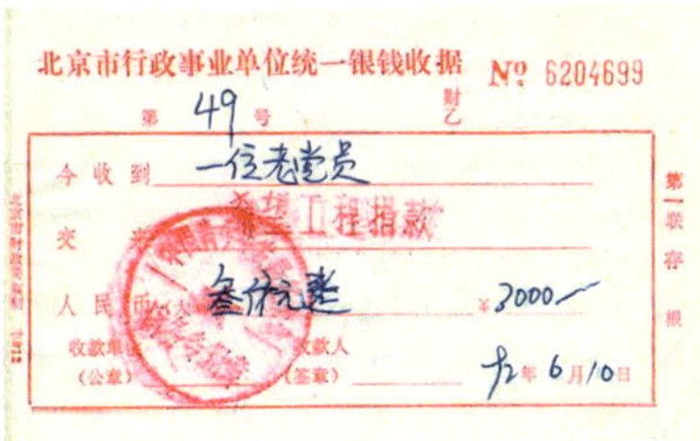

1992年6月10日，邓小平让工作人员到中国青少年发展基金会，以“一位老党员”的名义，向“希望工程”捐款三千元人民币，用以救助那些因贫困而失学的孩子。10月6日，他再次以“一位老共产党员”的名义向“希望工程”捐款二千元。中国青少年发展基金会将邓小平的捐款用于资助邓小平曾战斗过的广西百色革命老区的失学孩子。百色的孩子们得知后激动得哭了。他们写信给邓小平说：我们感到，虽然您住在北京，离我们好远好远，但您的心与我们贴得好近好近。我们一定不辜负邓爷爷的亲切关怀和期望，珍惜学习机会，好好学习，长大把家乡建设得更新更美。图为1990年9月5日，邓小平为“希望工程”题字。

六月

11

1990 年 6 月 11 日，邓小平会见香港知名人士包玉刚，指出：中国当前压倒一切的任务是稳定。中国不稳定，世界就不会稳定。现在中国遇到一个难得的发展机遇，不要丧失这个机遇。许多人不懂得这是中华民族的机遇，是炎黄子孙几百年难得遇到的机遇。

12 1992年6月12日，邓小平同江泽民谈话，赞成使用“社会主义市场经济体制”这个提法。他说：实际上我们是在这样做，深圳就是社会主义市场经济。不搞市场经济，没有竞争，没有比较，连科学技术都发展不起来。

13

六月

1926年6月13日，邓小平作为莫斯科中山大学第九班中共党小组组长，填写《党组工作调查表》，报告本班党组活动情况：本组同志对纪律都还能够遵守，对“中国共产党与国民党”“第三国际扩大会议对于中国问题的决议”和“中国时事”等问题感到最有趣味。图为莫斯科中山大学旧址。

六月

14

1986年6月14日，邓小平会见秘鲁部长会议主席路易斯·阿尔瓦·卡斯特罗，指出：一定要尊重历史，尊重自己的现状，一切从自己的情况出发。作为发展中国家，我们在前进中总会遇到不少困难，但只要根据自己的情况，采取独立自主的政策，总会胜利。犯错误是难免的，有了错误就总结经验，跟人民讲清楚，取得人民的支持，困难就可以克服，我们的事业就会前进。

15

1979 年 6 月 15 日，邓小平出席全国政协五届二次会议并致开幕词，指出：我国的统一战线已经成为工人阶级领导的、工农联盟为基础的社会主义劳动者和拥护社会主义的爱国者的广泛联盟。新时期统一战线和人民政协的任务，就是要调动一切积极因素，努力化消极因素为积极因素，团结一切可以团结的力量，同心同德，群策群力，维护和发展安定团结的政治局面，为把我国建设成为现代化的社会主义强国而奋斗。

16

1989 年 6 月 16 日，邓小平同江泽民、李鹏、乔石、姚依林等谈话，指出：我们中国共产党现在要建立起第三代的领导集体。任何一个领导集体都要有一个核心，没有核心的领导是靠不住的。第一代领导集体的核心是毛主席。第二代实际上我是核心。第三代的领导集体也必须有一个核心，就是现在大家同意的江泽民同志。

六月

17

1935 年 6 月 17 日，邓小平随中央红军长征到达四川懋功地区，与一同旅法的好友、时任红四方面军政治部副主任的傅钟重逢。邓小平晚年对子女回忆说："过了雪山后，傅钟送了我三件宝：一匹马，一件狐皮大衣，一包牛肉干。这三样东西可真是顶了大事呀！"图为邓小平与傅钟晚年合影。

18

1986年6月18日，邓小平会见来自美国、加拿大、澳大利亚等国家和地区的荣氏亲属回国观光团部分成员以及中国国内的荣氏亲属，称赞以荣宗敬、荣德生、荣毅仁为首的荣氏家族为中国近代民族工业做出的巨大贡献。他指出：民族工业的发展是推动历史前进的。这次你们亲属团聚是一件喜事，是我们民族大团结的一个体现、一个演习。我们要争取整个中华民族的大团结。你们有本领、有知识，是能够为我们国家做出重要贡献的。

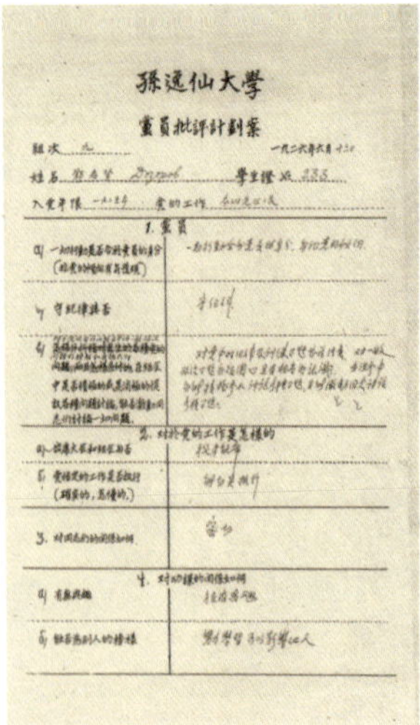

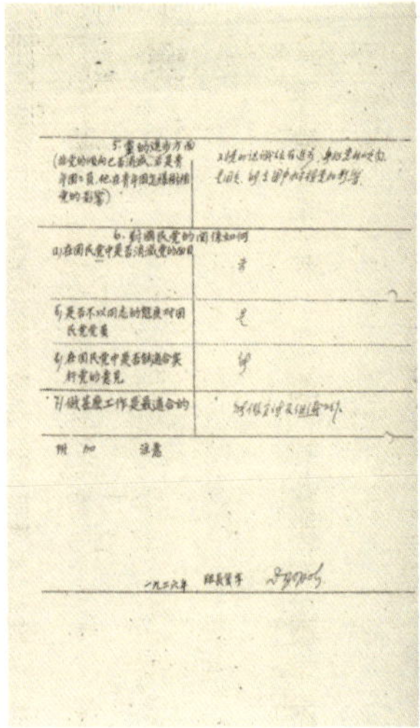

19

六月

1926年6月，邓小平按照莫斯科中山大学中共党支部的要求，填写《党员批评计划案》。在关于“党员问题”一栏填写：“一切行动合于党员的身份，无非党的倾向”；“守纪律”，“对党中的纪律问题甚为注意，对一般政治问题亦有很关心且有相当的认识，在组会中亦能积极参加讨论各种问题，且能激动同志讨论各种问题”。在关于“对党的工作是怎样的”一栏填写：“党的大会和组会从无缺席”；“党指定的工作能切实执行”；“与同志们的关系密切”。在“对功课有无兴趣”一栏填写：“很有兴趣”。在“能否为别人的榜样”一栏填写：“努力学习可以影响他人”。在“党的进步”一栏填写：“对党的认识很有进步，能在团中树植党的影响”。在“做什么工作最适合”一栏填写：“能做宣传及组织工作”。

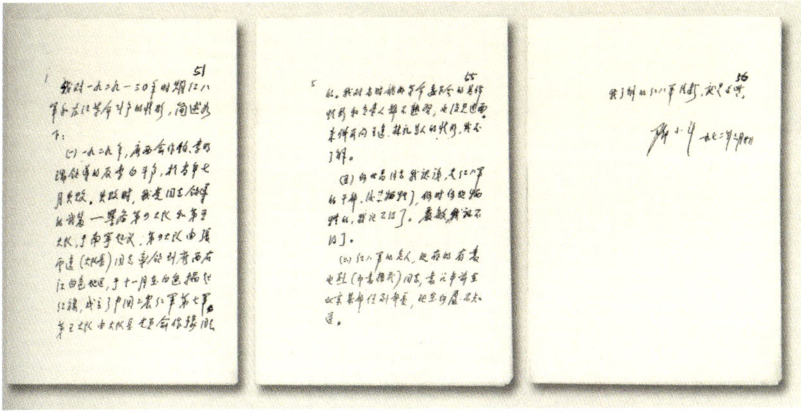

20

1972 年 6 月 20 日，邓小平为答复有关单位的询问，写出关于红八军和左江革命根据地情况的书面材料，并致信中共中央办公厅政治部：“这个材料，如认为必要，请酌转询问的单位。”

21

1923 年 6 月，在法国勤工俭学的邓小平到巴黎加入旅欧中国共产主义青年团。他先是担任宣传干事，后被调入书记部参加《少年》（后改名为《赤光》）杂志的编辑出版工作，负责刻蜡版和油印，并用本名和化名发表文章。因刻字工整，印刷清晰，装订简雅，他获得了“油印博士”的美誉。

六
月

1988年6月22日，邓小平会见埃塞俄比亚总统门格斯图·海尔·马利亚姆时指出：现在国际形势看来会有个比较长时间的和平环境，即不爆发第三次世界大战的环境。我们都是第三世界国家，要紧紧抓住经济建设这个中心，不要丧失时机。

22

六月

23

1984 年 6 月 22 日、23 日，邓小平会见香港知名人士，阐述“一国两制”的构想。他指出：我们的政策是实行“一个国家，两种制度”，具体说，就是在中华人民共和国内，十亿人口的大陆实行社会主义制度，香港、台湾实行资本主义制度。这个政策不会变。对香港的政策长期不变，影响不了大陆的社会主义。中国的主体必须是社会主义，但允许国内某些区域实行资本主义制度。他还对“港人治港”提出标准：港人治港有个界线和标准，就是必须由以爱国者为主体的港人来治理香港。爱国者的标准是，尊重自己民族，诚心诚意拥护祖国恢复行使对香港的主权，不损害香港的繁荣和稳定。

六
月

1984年6月24日，邓小平在北京参加第一届“运筹与健康”老同志桥牌邀请赛。图为邓小平在打桥牌。

24

人民日报
RENMIN RIBAO
1979年1月1日 星期一

国防部长徐向前声明
停止炮击大、小金门等岛屿

中华人民共和国全国人大常委会
告台湾同胞书
（一九七九年一月一日）

六月

25

1988年6月25日，邓小平会见台湾客人，指出：实现国家统一是所有炎黄子孙的共同愿望，反对任何导致台湾独立的言论和行动。双方应明确，建设现代化，发展经济改善人民生活，振兴中华是人民的愿望。发扬几千年中华民族光辉灿烂的文化，是我们统一的一个重要基础。一个是政治统一，一个是发展经济，使中华民族立于世界之林，还有继承和发扬中华民族的灿烂文化。这些是我们的共同目标。图为《人民日报》1979年1月1日发布的《告台湾同胞书》。

26

六月

1983 年 6 月 26 日，邓小平会见美国新泽西州西东大学教授杨力宇，进一步阐述大陆和台湾和平统一的观点，包括祖国统一后，台湾特别行政区可以有自己的独立性，可以实行同大陆不同的制度，等等。这些观点后来被总结为“邓六条”。

1980年6月27日，邓小平同历史决议起草组成员讨论历史决议稿，指出：要说清楚关于社会主义革命和社会主义建设，毛泽东同志有哪些贡献。他的思想还在发展中。我们要恢复毛泽东思想，坚持毛泽东思想，以至还要发展毛泽东思想，在这些方面，他都提供了一个基础。要把这些思想充分地表达出来。重点要放在毛泽东思想是什么、毛泽东同志正确的东西是什么这方面。图为邓小平与起草组成员胡乔木交谈。

27

28

1979年6月28日，邓小平会见以日本公明党委员长竹入义胜为首的日本公明党第八次访华团，指出：民主和法制，这两个方面都应该加强，过去我们都不足。要加强民主就要加强法制。没有广泛的民主是不行的，没有健全的法制也是不行的。我们吃够了动乱的苦头。要制定一系列法律，这是建立安定团结的政治局面的必要保障。民主要坚持下去，法制要坚持下去。这好像两只手，任何一只手削弱都不行。图为1978年11月29日邓小平会见竹入义胜。

六月

29

1981 年 6 月 29 日，邓小平在党的十一届六中全会闭幕会上讲话，高度评价《关于建国以来党的若干历史问题的决议》。他指出：《关于建国以来党的若干历史问题的决议》，真正是达到了我们原来的要求。这对我们统一党内的思想，有很重要的作用。

六月

30

1947年6月30日，邓小平、刘伯承率晋冀鲁豫野战军夜渡黄河，一举突破国民党军的“黄河防线”，打开国民党军中原防御体系的大缺口，拉开了人民解放战争的战略进攻序幕。

七 月

为社会主义奋斗是值得的

七月

01

1983 年 7 月 1 日，中共中央文献编辑委员会编辑的《邓小平文选（一九七五——一九八二年）》由人民出版社出版。这部《邓小平文选》，收入作者自 1975 年至 1982 年党的十二大这段时间内的讲话、谈话，反映了邓小平在推动和指导全党进行拨乱反正、实现伟大历史转变的过程中，在根据马克思列宁主义、毛泽东思想的基本观点和我国国情确定社会主义现代化建设的正确道路和方针政策的过程中，发挥的决策作用和做出的卓越贡献。

七月

02

1962 年 7 月 2 日，邓小平在中共中央书记处会议上讨论农业如何恢复的问题时说，不管黄猫、黑猫，哪一种方法有利于恢复生产，就用哪一种方法。同年 7 月 7 日，他在接见共青团三届七中全会全体同志时又说，刘伯承同志经常讲一句四川话：“黄猫、黑猫，只要抓住老鼠就是好猫。”邓小平的这个比喻不胫而走，但在流传中把“黄猫”说成了“白猫”。图为陈莲涛绘赠给邓小平的《双猫图》。

七月

1990年7月3日，邓小平视察国家奥林匹克体育中心场馆和北京市容，指出：我们实行改革开放，这是怎样搞社会主义的问题。这么多亚运会建筑，是集中力量在短时间搞出来的，而且搞得这么好，证明社会主义好。我这次看亚运会体育设施，就是来看看到底是中国的月亮圆，还是外国的月亮圆。看来中国的月亮也是圆的，比外国圆。

03

七月

04

1975年7月4日，邓小平在中央读书班第四期学员班上讲话，指出：搞好安定团结，发展社会主义经济，需要加强党的领导，把我们党的优良作风发扬起来，坚持下去，这是一个非常重要的问题。图为1975年的邓小平。

05

1980年7月5日，邓小平在中共四川省委负责人谭启龙等陪同下参观峨眉山旅游区。他说：这次上峨眉山，是参观休息，不谈工作，不要影响地方上的工作，不许封山，以免影响别的游客游览。大家都是游客，大路朝天，各走一边，互不干扰。途中遇到几位四川林学院的大学生，邓小平询问他们是否习惯山上的艰苦生活，并对他们立志在山上搞一辈子研究表示赞许。他还说：大自然是不同寻常的课堂，也是一本永远读不完的书。图为邓小平在参观峨眉山途中与一位老人亲切交谈。

06

七月

1980年7月6日，邓小平结束在峨眉山的参观，他说：峨眉山是一个文化型的风景区，是一座宝库，要好好保护。要搞好规划，合理开发，综合开发。要加强管理。办事情要有登山不止的精神。

07

1993年7月7日，邓小平审阅编辑组报送的拟收入《邓小平文选》第三卷的几篇文稿整理稿，指出：这本书有针对性，教育人民，现在正用得着。不管对现在还是对未来，我讲的东西都不是从小角度讲的，而是从大局讲的。他对送审报告提出的以南方谈话作为《邓小平文选》第三卷终卷篇的意见表示：编到南方谈话为止，这样好，段落比较清楚。

08

1983年7月8日，邓小平同几位中央负责人谈话，指出：要利用外国智力，请一些外国人来参加我们的重点建设以及各方面的建设。搞现代化建设，我们既缺少经验，又缺少知识。不要怕请外国人多花了几个钱。他们长期来也好，短期来也好，专门为一个题目来也好。请来之后，应该很好地发挥他们的作用。过去我们是宴会多，客气多，向人家请教少，让他们帮助工作少，他们是愿意帮助我们工作的。图为1983年11月22日，邓小平同来华工作五十年的马海德亲切握手。

七月

1980年7月9日，邓小平视察制造飞机的峨眉机械厂。他在机场观看空中飞行表演并接见飞行员，说：你们在空中飞行表演得很好，要加强训练，提高飞行技能和战斗力，保卫国防安全。

09

10

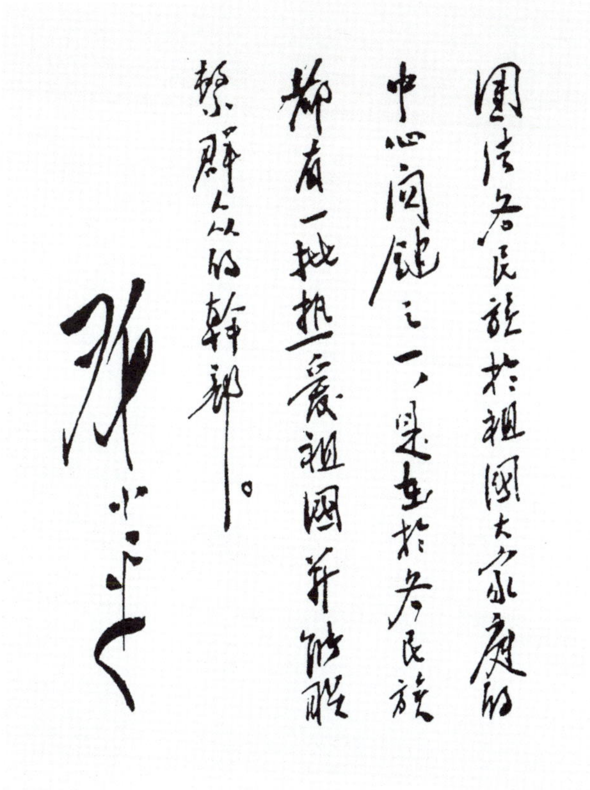

1952年7月10日，邓小平出席西南民族学院第二期开学典礼并讲话，指出：民族工作是全国范围的根本工作之一，有了民族团结，才可以谈到国家强盛、国防巩固、经济繁荣、人民生活改善。为了达到各民族团结，必须有正确的民族政策和各民族间互相尊重、互相帮助、互相学习的风气；并且要有一批热爱祖国、联系群众、懂得政策的各民族干部。他希望同学们努力学习，充分掌握马列主义、毛泽东思想武器。回到本民族地区后，更好地发挥作用。图为邓小平为西南民族学院第二期开学典礼题的词。

七月

1980年7月11日，邓小平从重庆乘船顺江而下，考察长江三峡，视察葛洲坝工程。其间，他向有关方面负责人询问鄂西资源、川汉铁路选线、三峡工程和葛洲坝工程的有关问题，了解葛洲坝工程的建设情况和三峡大坝选址情况，以及大坝建成后对下游生态环境的影响等问题。图为邓小平视察长江三峡。

11

七月

12

1992年7月12日，邓小平在家中同前来探望的弟弟邓垦谈话。他说：达到共产主义的目标，要经过社会主义阶段，而这个阶段是很长的。共产主义理想是伟大的，但要经过相当长的历史阶段才能达到。社会主义是可爱的，为社会主义奋斗是值得的。这同时也是为共产主义奋斗。图为邓小平与邓垦在一起。

七月

13

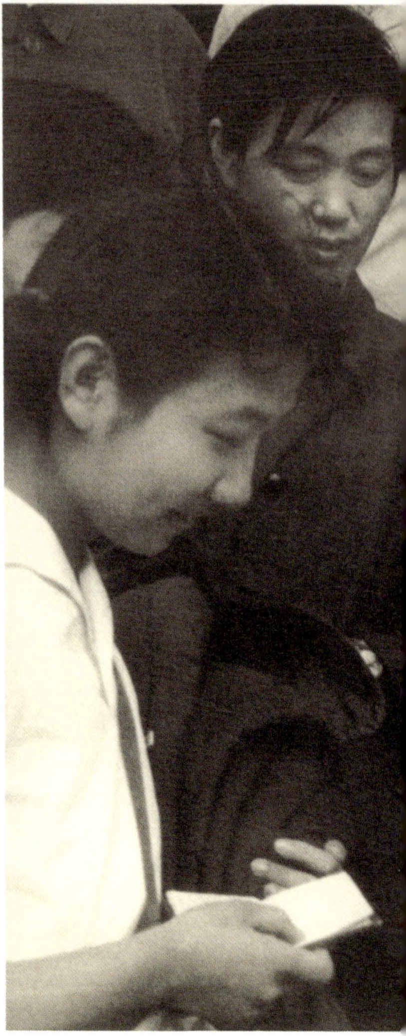

1979年7月13日，邓小平在黄山游览时偶遇大学生，应他们要求，签名留念。

七月

七月

14

1979 年 7 月 14 日，邓小平在黄山始信峰，应香港长城电影公司《白发魔女》外景队演职员的请求，同他们合影。视察黄山期间，邓小平对中共安徽省委和徽州地委主要负责人说：黄山是发展旅游的好地方，是你们发财的地方。你们要有点雄心壮志，把黄山的牌子打出去。在这里，我们的资本就是山。要解放思想，开动机器，广开门路，增加收入。

15

七月

1980 年 7 月 15 日，邓小平在武汉参观八七会议会址。他回忆八七会议的有关情况并说道：当时我们二十几个人是分三天陆陆续续进来的，我是第一批进来的，最后走的，在这里待了六天，会议开了一天一夜。他还强调说：首先要讲八一南昌起义。会议是号召举行全国武装起义，会后在全国各地相继组织武装起义，虽然八一南昌起义在八七会议之前，但八一南昌起义也是体现八七会议方针的。

七
月

16

1977年7月16日至21日，中共十届三中全会在北京召开，全会一致通过《关于恢复邓小平同志职务的决议》，恢复了邓小平中共中央政治局常委、中共中央副主席、中共中央军委副主席、国务院副总理、中国人民解放军总参谋长的职务。邓小平在全会上的讲话中说：作为一名老的共产党员，还能在不多的余年里为党为国家为人民做一点力所能及的事情，在我个人来说是高兴的。出来工作，可以有两种态度，一个是做官，一个是做点工作。我想，谁叫你当共产党人呢，既然当了，就不能够做官，不能够有私心杂念，不能够有别的选择。

17

1980 年 7 月 17 日至 20 日，邓小平在武汉听取中央和国务院负责人汇报制定“六五”计划和长远规划的基本设想。他在谈到今后十年经济发展目标问题时指出：建设目标，一定要反映人民生活在哪些方面受益，不能只讲平均工资每年增长百分之几，必须把经济的发展使人民生活得到的改善反映出来。人民生活要有相当增长，人民才能满意。图为邓小平听取汇报前视察葛洲坝工程。

18

七月

1981年7月18日，邓小平会见香港《明报》社长查良镛，指出：中国这样一个国家，人口这么多，底子这样薄，怎样取得革命胜利，怎样把国家建设好，离开了党的领导毫无出路。中国近代历史什么时候真正统一过？一百多年来，中国真正的统一是在共产党领导下取得的。中华人民共和国建立后，除台湾外，国家真正统一了。中国作为一个伟大的民族，在世界上站起来，只能靠中国共产党的领导。

19

1920年7月19日，邓小平参加重庆留法预备学校毕业典礼。随后，他通过法国驻重庆领事馆的口试及体格检查，取得赴法勤工俭学自费生资格，回广安向家人辞行，从此再没有回过家乡广安。图为位于临江门的重庆留法预备学校旧址。

20

1952 年 7 月下旬，根据中共中央决定，邓小平调政务院工作，和家人离开重庆到达北京。图为 1952 年任政务院副总理时的邓小平。

实践是检验真理的唯一标准

七月

21

1978 年 7 月 21 日，邓小平同中宣部负责人谈话。对正在开展的真理标准问题大讨论，他提出：不要再“下禁令”“设禁区”了，不要再把刚刚开始的生动活泼的政治局面向后拉。22 日，邓小平在同组织刊发《实践是检验真理的唯一标准》的胡耀邦的谈话中指出：这篇文章是马克思主义的。争论不可避免，争得好。

七月

22

1980 年 7 月 22 日，邓小平在中共湖北省委负责人陈丕显等人的陪同下，视察中国第二汽车制造厂的铸造一厂、发动机厂、总装厂、车桥厂、锻造厂，观看两吨半、三吨半越野车爬坡表演。他对二汽率先着手在全国组建跨省区的联合公司表示赞赏，说：这是保护竞争，促进联合，应当这样搞。不这样搞，不能打破“小而全”。

23

七月

1980年7月23日，邓小平接见中共河南省委负责人段君毅等人，听取工作汇报。他指出：农村要发展，要注意两点：一是政策要正确。政策威力大，有了正确的农村政策，可以调动农民的生产积极性。二是科学种田。要抓种子，搞优良品种，要搞好种子公司，繁殖良种。图为邓小平视察农村。

24

七月

1987年7月24日，邓小平接见由中共中央邀请到北戴河休假的十四位做出重大贡献的中年科学技术工作者。他在讲话中说：对于你们在各自领域中做出的卓越贡献，国家感谢你们，党感谢你们，人民感谢你们；今天没有在场的许许多多在科学技术领域里做出重要贡献的人，同样地，国家感谢他们，党感谢他们，人民感谢他们。

25

1987 年 7 月 25 日，《解放军报》发表邓小平为中国人民解放军建军六十周年的题词：“为把我军建设成为一支强大的现代化正规化革命军队而奋斗。”

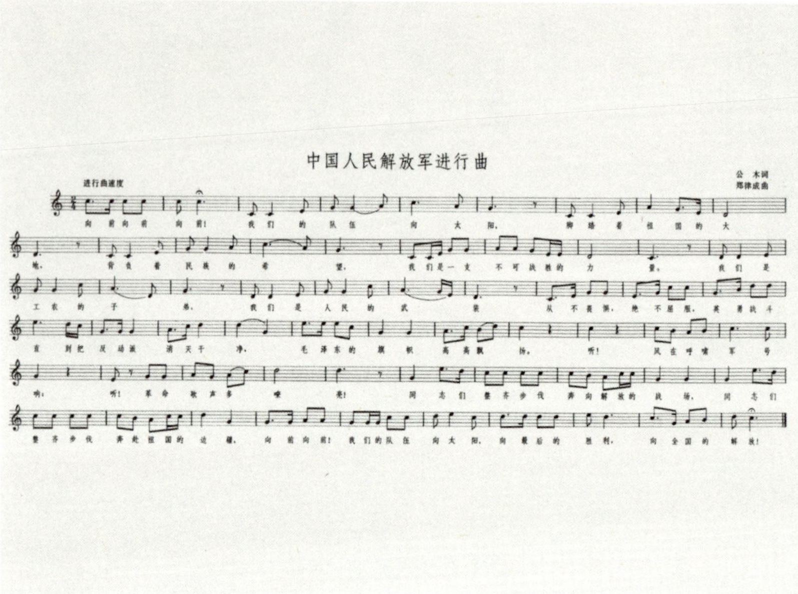

26

1988年7月26日，《人民日报》报道，经中共中央批准，中央军委主席邓小平签署中央军委命令，决定把《中国人民解放军进行曲》定为《中国人民解放军军歌》，并正式颁布。《中国人民解放军进行曲》，原名《八路军进行曲》，解放战争时期更名为《人民解放军进行曲》，1965年改名为《中国人民解放军进行曲》。

七月

27

1977年7月27日，邓小平同方毅等谈科研工作，指出：科研单位的任务就是要出成果、出人才。要把有作为的科技工作者列出名单，填出表格。对这些人要给予适当照顾。要从全国选拔人才，组织科研队伍。科研人员的房子问题、两地分居问题要逐步解决。图为邓小平和方毅会见中国科学院学部委员。

28

1987年7月28日，邓小平会见台湾客人。他谈到台湾问题时指出：起码有两件事可以做，一个是“三通”，一个是国共谈判，先谈起来。如果台湾认为不可能马上统一，那也应先造成这么一种声势。还是先谈起来好，谈的过程可以是长期的，而且什么都可以谈。一谈起来就是造成了一种形势，表明我们总要统一。有了这种形势，台湾出现什么不测都可以对付。图为1993年4月27日至29日，海峡两岸关系协会会长汪道涵和台湾海峡交流基金会董事长辜振甫在新加坡举行会谈。

七月

29

1979 年 7 月 29 日，邓小平在青岛接见出席中共中国人民解放军海军委员会常委扩大会议的全体同志。他在讲话中指出：党的思想路线和政治路线确立以后，迫切需要解决的是组织路线问题，其中最大的也是最难、最迫切的问题是选好接班人。中国的稳定，四个现代化的实现，要有正确的组织路线来保证，要有真正坚持马列主义、毛泽东思想和党性强的人来接班才能保证。

1977 年 7 月 30 日晚，邓小平出席在北京工人体育场举行的北京国际足球友好邀请赛闭幕式，观看香港足球队同中国青年足球队的比赛。这是邓小平第三次复出工作后第一次在公众场合露面。

七月

30

七月

31

1950 年 7 月 31 日，邓小平出席西南军政委员会第一次全体会议并作总结讲话，重点阐明西南工作的五个问题，提出只有经常地检查工作，才能发现问题，普及经验，才能把事情办好。

八 月

选拔和培养人才极为重要

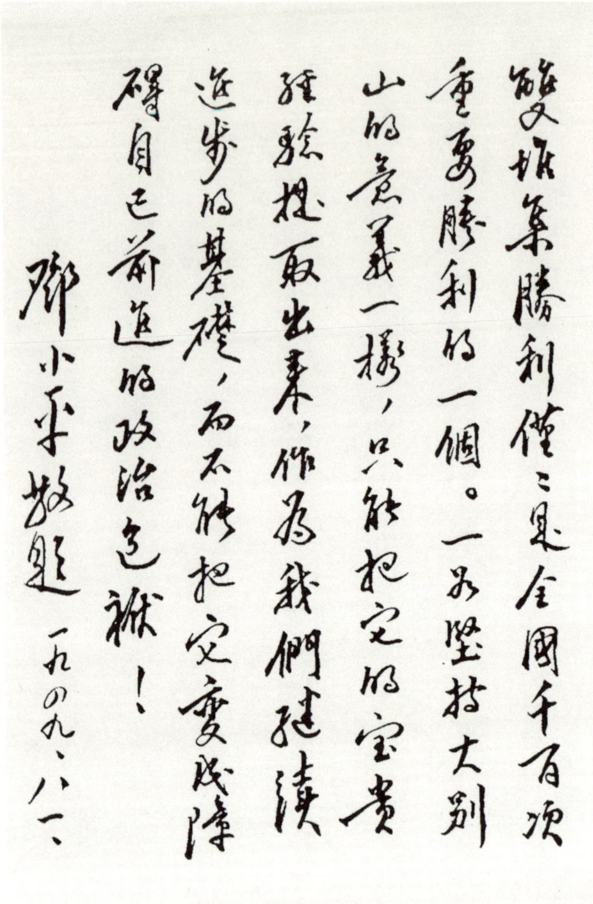
雙堆集勝利僅僅是全國千百次重要勝利的一個。一如堅持大別山的意義一樣，只能把它的寶貴經驗提取出來，作為我們繼續進步的基礎，而不能把它變成障礙自己前進的政治包袱！

鄧小平敬題

一九四九、八一

1949 年 8 月 1 日，邓小平为第二野战军司令部编辑出版的《淮海战役中双堆集歼灭战初步总结》一书题词：“双堆集胜利仅仅是全国千百次重要胜利的一个。一如坚持大别山的意义一样，只能把它的宝贵经验提取出来，作为我们继续进步的基础，而不能把它变成障碍自己前进的政治包袱！”

02

1979 年 8 月 2 日，邓小平到中国人民解放军海军北海舰队烟台基地视察，并为海军题词："建立一支强大的具有现代战斗能力的海军！"图为邓小平视察北海舰队时听取汇报。

八月

1952 年 8 月 3 日，为庆祝八一建军节，人民解放军全军体育运动大会在北京举行，邓小平和朱德、贺龙等出席并观看表演。

03

04

1977年8月4日至8月8日，邓小平连续五天主持科学和教育工作座谈会，邀请三十多位著名科学家和教育工作者参加，听取对科技和教育工作的意见。座谈会上，武汉大学副教授查全性建议立即恢复高考，引起与会者强烈共鸣。邓小平问教育部部长刘西尧，今年就恢复高考是否来得及。刘西尧回答，推迟招生，还来得及。邓小平当即果断地说："改变现行招生办法，既然今年还有时间，那就坚决改嘛。把原来写的招生报告收回来，根据大家的意见重写"，"不要耽误"。座谈会结束时邓小平明确宣布："今年就要下决心恢复从高中毕业生中直接招考学生，不要再搞群众推荐。"图为座谈会后邓小平和与会人员合影。

05

1986年8月5日，邓小平会见日本自民党最高顾问二阶堂进，指出：我们注意到日本政界有些人很强调日本人的感情，请他们注意不要忘记还有个中国人民的感情。最近有些麻烦，如参拜靖国神社，还有其他的事情。这些问题同我们两国之间的贸易不平衡相比，要更本质得多，更实际得多，更重要得多。维护和发展中日友好还有很多事情要做。正确对待历史也是对日本人民进行教育的一种形式。图为1987年9月5日，邓小平会见二阶堂进。

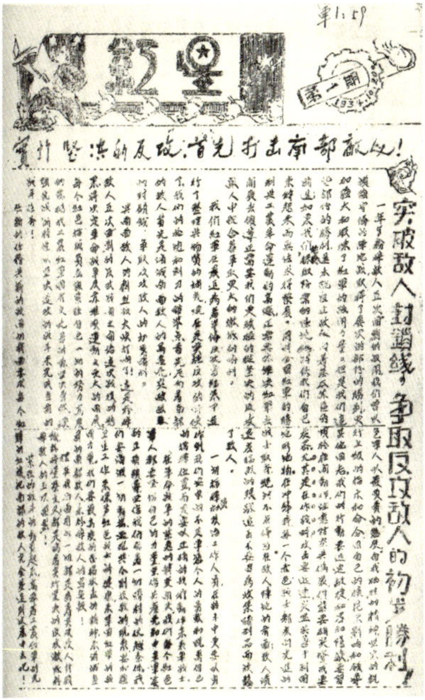

红星

第一期

突破敌人封锁线争取反攻敌人的初步胜利

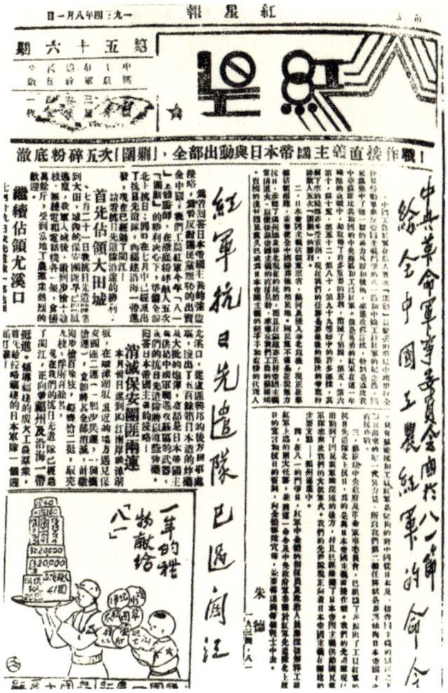

红星报 一九三四年八月一日

第五十六期

红星

粉碎五次「围剿」，全部出动与日本帝国主义直接作战！

中共革命军事委员会为八一节给全中国工农红军的命令

红军抗日先遣队已逼闽江

首先占领大田城

消灭保安团匪两连

继续占领尤溪口

06

1933 年 8 月 6 日，邓小平将中共中央革命军事委员会机关报《红星》改版，恢复为四开四版的铅印形式，重新排序号，出版第一期。自此至 1935 年遵义会议前，邓小平共主编了七十多期《红星》报。

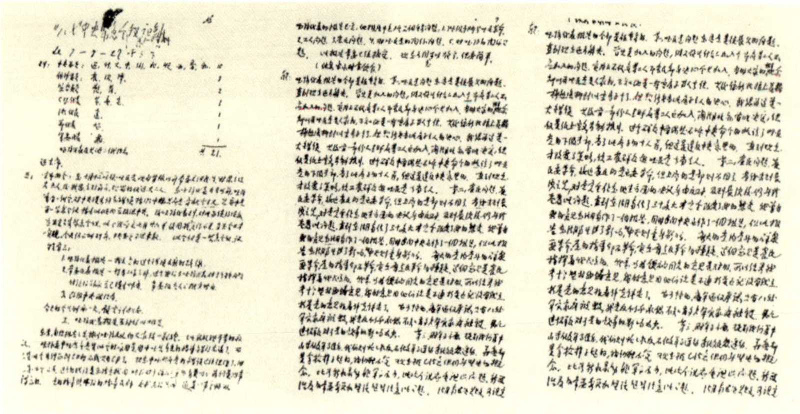

07

1927年8月7日，中共中央紧急会议（后通称为“八七会议”）在湖北汉口召开。会议总结大革命失败的经验教训，批判陈独秀右倾机会主义错误，确定实行土地革命和武装反抗国民党反动派的总方针，并把发动农民举行秋收起义，建立工农革命政权，解决农民土地问题作为当前党的主要任务。邓小平在中共中央紧急会议上担任记录。图为八七会议记录稿。

08

八月

1981年8月8日，邓小平在赴新疆视察途中路经甘肃，参观了敦煌千佛洞。他听取敦煌研究所介绍千佛洞的维护情况，指示随同参观的王任重帮助解决千佛洞保护维修资金不足的问题。1981年，国家有关部门向敦煌研究所下拨了三百万元专项经费。

09

1945 年 8 月 9 日，邓小平出席中共七届一中全会第二次会议。会议着重讨论时局问题，通过分别根据六届七中全会和七大的讨论意见修改后的《关于若干历史问题的决议》和《中国共产党章程》。图为《关于若干历史问题的决议》(修正稿)。

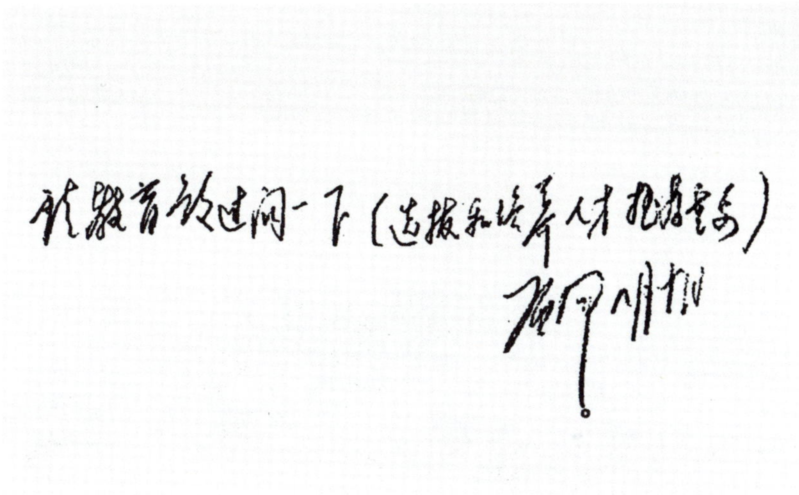
请教育部过问一下（选拔和培养人才极为重要）

10 1978年8月10日，邓小平就《光明日报》总编室编印的《情况反映》上反映的南开大学准备破格录取一位对信息论有创见的人才，但因年龄超过规定工厂不同意放行一事，作出批示：“请教育部过问一下（选拔和培养人才极为重要）。”

1983 年 8 月 11 日，邓小平在黑龙江省牡丹江市镜泊湖与游人合影。

11

八月

八
月

12

1977年8月12日，中国共产党第十一次全国代表大会开幕，邓小平作为大会主席团副主席出席。图为叶剑英、邓小平、李先念在中共十一大的主席台上。

八月

13

1983 年 8 月 13 日，邓小平在吉林省考察时，前往长白山游览。他事先要求：一不要妨碍群众游览；二不准搞特殊化；三要轻车简从，不要省委同志陪同。

14

1957年8月14日，邓小平主持召开中共中央书记处会议，讨论全国妇联第二届执委会准备向第三次全国妇女代表大会作的工作报告稿。他在讲话中指出：报告要作大的修改，主题应该是勤俭建国，勤俭持家，这是一个时期以至长时期的妇女工作指导思想。图为1957年9月，邓小平同毛泽东、朱德、周恩来、陈云在中南海会见应邀参加中国妇女第三次全国代表大会的各国妇女代表时的合影。

15

八月

1981 年 8 月 15 日，邓小平视察乌鲁木齐县南山牧区。在萨尔达坂乡，他按照牧民的习惯，盘腿坐在哈萨克帐房中，亲切地询问牧民生产和生活情况。

16

1981年8月16日，邓小平同新疆维吾尔自治区负责人谈话，指出：要把我国实行的民族区域自治制度用法律形式规定下来，要从法律上解决这个问题，要有民族区域自治法。新疆稳定是大局，不稳定一切事情都办不成。不允许搞分裂，谁搞分裂处理谁。图为1981年8月邓小平视察新疆期间的留影。

17

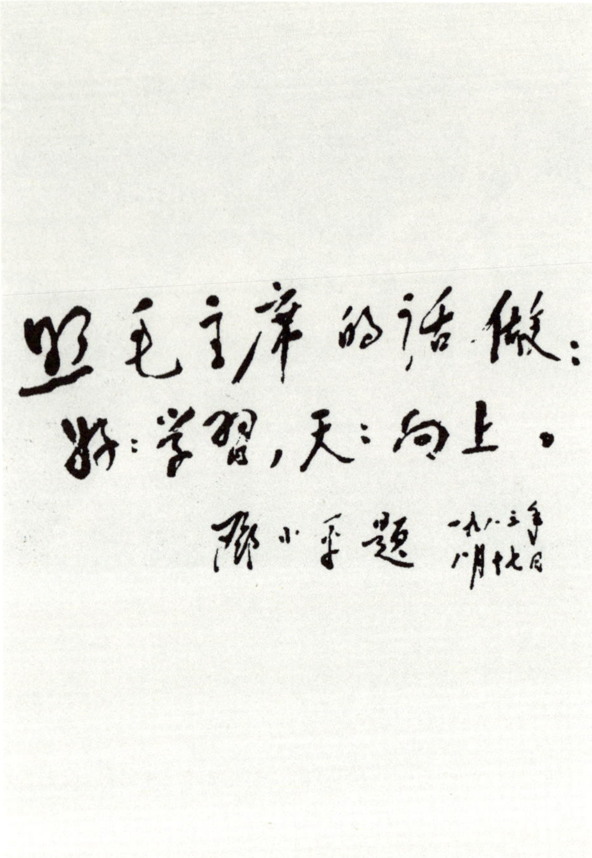

八月

1983 年 8 月 17 日，邓小平为庆祝中央人民广播电台儿童广播剧团成立三十周年题词：“照毛主席的话做：好好学习，天天向上。”

18

人民日报

RENMIN RIBAO

上半年能源生产全面增长效益提高

实现时间过半完成任务过半

党和国家领导制度的改革

（一九八〇年八月十八日）

邓小平

把政治体制改革提到日程上来

八月

1980年8月18日，邓小平在中共中央政治局扩大会议上发表题为《党和国家领导制度的改革》的讲话，指出：我们过去发生的各种错误，固然与某些领导人的思想、作风有关，但是组织制度、工作制度方面的问题更重要。这些方面的制度好可以使坏人无法任意横行，制度不好可以使好人无法充分做好事，甚至会走向反面。领导制度、组织制度问题更带有根本性、全局性、稳定性和长期性。这篇讲话经8月31日政治局会议讨论通过后，成为指导我国政治体制改革的纲领性文件。1987年7月1日，《人民日报》根据中共中央的决定重新发表这篇讲话，图为当天报纸版面。

19

1981 年 8 月 19 日，邓小平到吐鲁番视察。两天时间里，察看了坎儿井、防沙林带和葡萄园的情况。他说："要发展水利，要带领群众多种树，改善生产、生活环境。"

20

1986 年 8 月 20 日，邓小平在天津市委书记李瑞环的陪同下视察天津中环线。邓小平在视察天津期间指出：人还是这些人，地还是这块地，一改革，效益就上来了。改革，现代化科学技术，加上我们讲政治，威力就大多了。到什么时候都得讲政治。

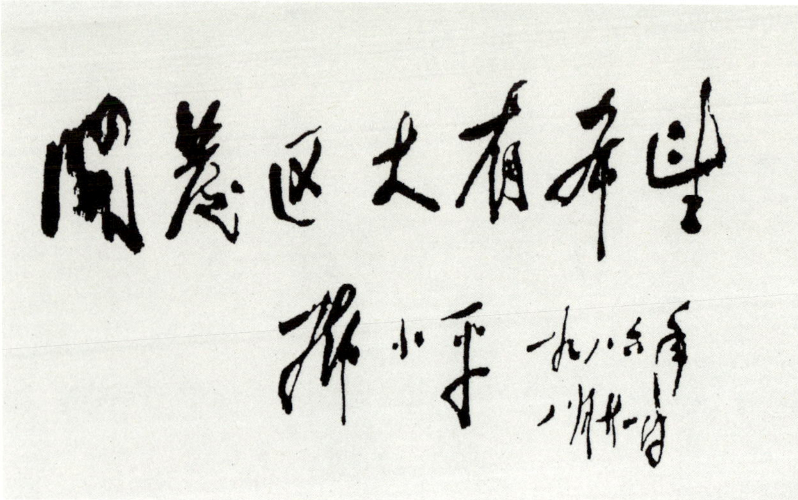

21

八月

1986年8月21日，邓小平视察天津新港和天津经济技术开发区。他在询问京津塘高速公路情况后说：要研究投资方向问题。日本人说搞现代化要从交通、通讯上入手，我看有道理。我们在这方面老是舍不得花钱。图为邓小平为天津经济技术开发区题写的“开发区大有希望”。

八月

22

1994年8月22日，邓小平在家中过九十岁生日。此前，得知许多地方准备为他举办祝寿活动，他表示：一律不要搞。1904年8月22日，邓小平出生于四川省广安州望溪乡姚坪里。

八月

1980 年 8 月 21 日和 23 日，邓小平接受意大利记者奥琳埃娜·法拉奇采访。他在回答天安门上的毛主席像是否要永远保留下去的问题时说：永远要保留下去。我们要对毛主席一生的功过作客观的评价。我们将肯定毛主席的功绩是第一位的，他的错误是第二位的。没有毛主席，至少我们中国人民还要在黑暗中摸索更长的时间。

23

24

1973 年 8 月 24 日，邓小平出席在北京举行的中国共产党第十次全国代表大会开幕式。图为邓小平和邓颖超在大会主席台上。

25

1937 年 8 月 25 日，毛泽东、朱德、周恩来发出关于红军改编为国民革命军第八路军的命令：将前敌总指挥部改为第八路军总指挥部，以朱德为总指挥，彭德怀为副总指挥，叶剑英为参谋长，左权为副参谋长。总政治部为第八路军政治部，以任弼时为主任，邓小平为副主任。图为 1938 年邓小平策马奔赴太行山区。

八月

26

1988 年 8 月 26 日，邓小平会见日本首相竹下登。他在回顾提出小康目标的过程时说：中国历史上有“小康之家”的说法。小康社会就是还不富裕，但日子好过。就我们来说，目标定得低一点有好处。目标定低一点是为了防止产生急躁情绪，避免又回到“左”的错误上去。

八月

27

1981年8月27日，邓小平会见美国前总统吉米·卡特，指出：我们两国社会制度不同，存在和出现一些分歧是正常的，就是社会制度相同，盟国之间也经常会有这样那样的问题。关键是要协调好、互相尊重、互相谅解，这样才能使两国关系不断向前发展。图为1979年邓小平访美期间和夫人卓琳与卡特总统和夫人罗莎琳·卡特在国宴开始前的合影。

28

1980年8月28日，邓小平出席全国政协五届三次会议时，祝贺麻纺专家鄞云鹤增补为全国政协常务委员。

29

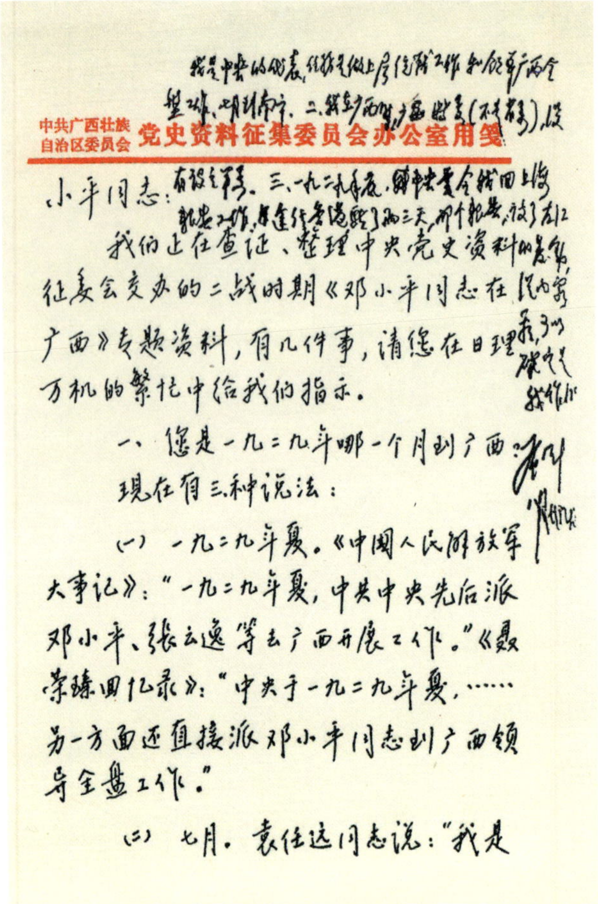
中共广西壮族自治区委员会 党史资料征集委员会办公室用笺

小平同志：

我们正在查证、整理中央党史资料征集委员会交办的二战时期《邓小平同志在广西》专题资料，有几件事，请您在日理万机的繁忙中给我们指示。

一、您是一九二九年哪一个月到广西？现在有三种说法：

(一) 一九二九年夏。《中国人民解放军大事记》："一九二九年夏，中共中央先后派邓小平、张云逸等去广西开展工作。"《聂荣臻回忆录》："中央于一九二九年夏，……另一方面还直接派邓小平同志到广西领导全盘工作。"

(二) 七月。袁任远同志说："我是

八月

1984年8月29日，邓小平阅中共广西壮族自治区委员会党史办公室的来函，就他们整理《邓小平同志在广西》专题资料中碰到的问题，作出书面答复："一、我是中央的代表，任务是做上层统战工作和领导广西全盘工作，七月到南宁。二、我在广西时，广西特委（不是省委）没有设立军委。三、一九二九年底，中央电令我回上海报告工作，途经香港驻了两三天。那个报告，谈了左江的发动，从内容看，可以确定是我作的。"

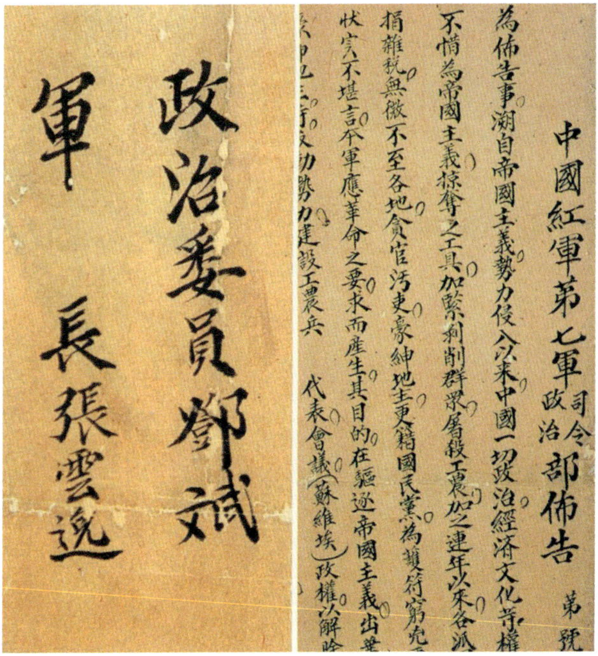
中國紅軍第七軍司令政治部佈告 第　號

為佈告事溯自帝國主義勢力侵入以來中國一切政治經濟文化等權……不惜為帝國主義掠奪之工具加緊剝削群眾屠殺工農加之連年以來各派……捐雜稅無微不至各地貪官污吏豪紳地主更籍國民黨為護符窮兇……狀實不堪言本軍應革命之要求而產生其目的在驅逐帝國主義出華……勢力建設工農兵代表會議（蘇維埃）政權以解除……

政治委員鄧斌

軍長張雲逸

八月

30

1929 年 8 月底，邓小平受中共中央派遣，化名邓斌，由中央机关交通员龚饮冰陪同，乘船离开上海，前往广西，以中央代表的身份，领导中共广西党组织的全面工作。这是邓小平首次开始独立地领导一个地区的工作。图为由邓斌和张云逸署名发布的红七军司令部、政治部布告。

31

八月

1947年8月31日，刘邓大军千里跃进大别山后，邓小平在河南省光山县北向店晋冀鲁豫野战军直属部队连以上干部会上作报告。他指出：我们已到了大别山，完成了战略任务的第一步，把蒋介石逼退了一条线。一定要在大别山站住脚、生下根。

八月

九　月

科学技术是第一生产力

01

九月

1982 年 9 月 1 日，邓小平在中国共产党第十二次全国代表大会上致开幕词，提出“走自己的路，建设有中国特色的社会主义”的重要命题。他说：我们的现代化建设，必须从中国的实际出发。无论是革命还是建设，都要注意学习和借鉴外国经验。但是，照抄照搬别国经验、别国模式，从来不能得到成功。把马克思主义的普遍真理同我国的具体实际结合起来，走自己的道路，建设有中国特色的社会主义，这就是我们总结长期历史经验得出的基本结论。中国的事情要按照中国的情况来办，要依靠中国人自己的力量来办。独立自主，自力更生，无论过去、现在和将来，都是我们的立足点。

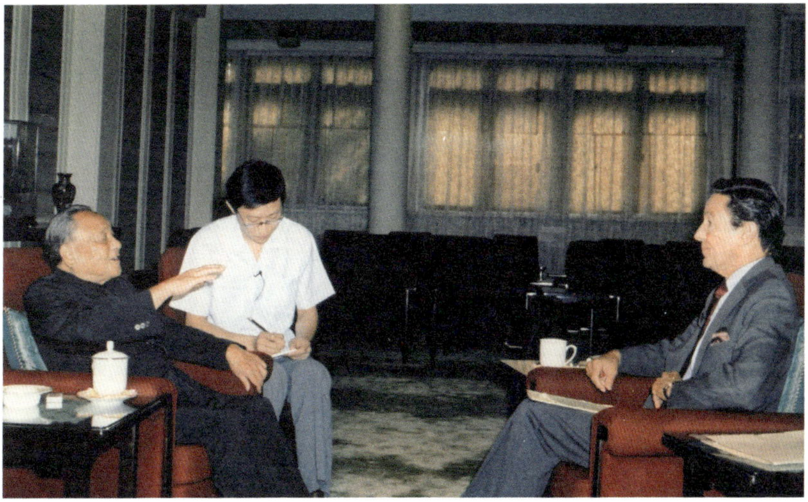

九月

02

1986年9月2日，邓小平接受美国哥伦比亚广播公司“六十分钟”节目记者迈克·华莱士的电视采访。在华莱士问及致富与共产主义的关系时，他回答：不能有穷的共产主义，同样也不能有穷的社会主义。致富不是罪过。但我们讲的致富不是你们讲的致富。社会主义财富属于人民，社会主义的致富是全民共同致富。社会主义的原则，第一是发展生产，第二是共同致富。我们允许一部分人先好起来，一部分地区先好起来，目的是更快地实现共同富裕。我们的政策是不使社会导致两极分化。我们不会容许产生新的资产阶级。

03

1953年9月3日，时任政务院副总理的邓小平主持政务院第一百八十八次政务会议，听取有关民族事务的报告。他在进行会议总结时提出了解决民族问题的几个关键：解决民族问题的关键是纠正大汉族主义。大汉族主义的本质就是不以平等的地位对待少数民族，而是剥削少数民族，不顾少数民族的进步、发展。解决民族问题的基础是经济。要提高少数民族的生活水平，让他们与我们一道前进。经济问题一天不解决，民族问题就没有解决。图为西南地区少数民族群众赠送给邓小平的荷包。

04

1989年9月4日，邓小平同江泽民、李鹏、乔石、姚依林、宋平、李瑞环、杨尚昆、万里谈话，指出：要始终坚持中国的社会主义旗帜，认真地真正地把改革开放搞下去。只要中国不垮，世界上就有五分之一的人口在坚持社会主义。我们对社会主义的前途充满信心。邓小平还给出了应对纷繁复杂的国际形势的三句话：第一句话，冷静观察；第二句话，稳住阵脚；第三句话，沉着应付。

九月

05

1988年9月5日，邓小平会见捷克斯洛伐克总统古斯塔夫·胡萨克。中午宴请客人时他提出了“科学技术是第一生产力”的重要论断，指出：世界在变化，我们的思想和行动也要随之而变。过去把自己封闭起来，自我孤立，这对社会主义有什么好处呢？历史在前进，我们却停滞不前，就落后了。马克思说过，科学技术是生产力，事实证明这话讲得很对。依我看，科学技术是第一生产力。

06

九月

1985年9月6日，邓小平会见美国前总统理查德·尼克松，指出：我们的改革已经进行了七年。这是一个伟大的事业，我们说这是一场革命。美国有一种议论，认为中国的改革不可逆转，这种见解比较正确，比较符合实际。我们的方针是胆子要大，步子要稳。改革是一件有风险的事，我们要走一步看一步，逐步总结经验，否则人民会遭殃的。

1975 年 9 月 7 日，身体抱恙的周恩来在接见罗马尼亚党政代表团时说：我现在病中，已经不能再工作了。邓小平同志将接替我主持国务院工作。邓小平同志很有才能，你们可以完全相信，邓小平同志将会继续执行我党的内外方针。图为周恩来、邓小平和卓琳在颐和园散步。

07

九月

08

1984年9月8日，邓小平会见意大利参议院议长弗朗切斯科·科西加。他在谈到香港、台湾问题时指出：香港、台湾问题，从中国内部来讲，我们提出了“一个国家，两种制度”的办法。这是个新的问题，也是新的想法，马克思没有说过，列宁也没有说过。这是我们这一代和下一代面临的必须解决的新问题。从本质上讲，就是实事求是，这是合乎马克思主义原则的。图为国务院赠送给香港特别行政区的巨型雕塑——“永远盛开的紫荆花”。

九月

09

1981年9月9日，邓小平会见日本公明党委员长竹入义胜。他在谈到民主与法制的关系时指出：什么叫民主，民主和法制的关系是什么，这些要弄清楚。我们从十一届三中全会以来，提出加强社会主义民主，同时也提出加强社会主义法制。若是民主变成了无政府主义，还有什么社会秩序、社会安定和社会团结？所以，没有法制不行。

10

1985年9月10日，邓小平会见美国不列颠百科全书编委会副主席弗兰克·吉布尼，指出：我们搞的是真正的社会主义，是社会主义的现代化。我们遵循两条最重要的原则：第一，公有制经济始终占主体地位；第二，坚持走共同富裕的道路。一部分地区、一部分人先好起来，不会导致两极分化。

九月

11

1920 年 9 月 11 日，邓小平同八十二名同学一起，从上海的黄浦码头登上法国邮船“鸯特莱蓬号”，踏上前往法国勤工俭学的旅途。

12

1978年9月12日，邓小平访问朝鲜期间，同朝鲜劳动党中央委员会总书记、朝鲜民主主义人民共和国主席金日成会谈。他说：我们一定要以国际上先进的技术作为我们搞现代化的出发点。最近我们的同志出去看了一下，越看越感到我们落后。什么叫现代化？50年代一个样，60年代不一样了，70年代就更不一样了。

13

九月

1982年9月13日，中共中央顾问委员会第一次全体会议召开，邓小平当选为中央顾问委员会主任。他在讲话中指出：中央顾问委员会是个新东西，是根据中国共产党的实际情况建立的，是解决党的中央领导机构新老交替的一种组织形式。他还对顾问委员会提出三条注意事项：第一，不要妨碍中央委员会的工作。第二，顾问委员会的成员要联系群众。第三，在保持党的优良作风方面以身作则。搞精神文明，关键是以身作则。

14

1985 年 9 月 14 日，邓小平会见奥地利总统鲁道夫·基希施莱格，指出：维护世界和平，最大的问题是各国都要奉行独立自主的政策，不依附于集团政治，同时也要考虑一些切实可行的解决历史纠纷的方式。

九月

15

九月

1990 年 9 月 15 日，邓小平会见马来西亚郭氏兄弟集团董事长郭鹤年，指出：大陆同胞，台湾、香港、澳门的同胞，还有海外华侨，大家都是中华民族子孙。我们要共同奋斗，实现祖国统一和民族振兴。

16

九月

1978 年 9 月 16 日，邓小平在东北考察时指出：社会主义制度优越性的根本表现，就是能够允许社会生产力以旧社会所没有的速度迅速发展，使人民不断增长的物质文化生活需要能够逐步得到满足。按照历史唯物主义的观点来讲，正确的政治领导的成果，归根结底要表现在社会生产力的发展上，人民物质文化生活的改善上。我们一定要根据现在的有利条件加速发展生产力，使人民的物质生活好一些，使人民的文化生活、精神面貌好一些。

17

九月

1949年9月17日，邓小平在中共南京市委支部书记及排以上干部大会上作论忠诚老实的报告，指出：忠诚与老实是一个共产党员必须具有的品质。忠诚就是将全部真情率直而老实地向党坦白出来，就是要忠实于党的事业，忠实于人民的事业。凡是有利于党的事业、人民的事业就办；不利于党的事业、人民的事业就反对，就斗争。另外还要老实，唯物主义本身就叫"老老实实"，马列主义、唯物主义的执行人更必须老老实实。我们从入党的第一天起就要检查自己合不合乎一个共产党员忠诚与老实的标准。如果不合乎，就要痛切反省、赶快改造。图为解放战争时期的邓小平。

九月

18

1978年9月18日，邓小平视察鞍山钢铁公司炼铁厂并听取管理人员的汇报。他指出：引进技术改造企业，第一要学会，第二要提高、创新。凡是引进的技术设备都应该是现代化的。世界在发展，我们不在技术上前进，不要说超过，赶都赶不上去，那才真正是爬行主义。我们要以世界先进的科学技术成果作为我们发展的起点，我们要有这个雄心壮志。引进先进技术设备后，一定要按照国际先进的管理方法、先进的经营方法、先进的定额来管理，也就是按照经济规律管理经济。一句话，就是要革命，不要改良，不要修修补补。

19

九月

1981年9月19日，邓小平在华北某地观看中国人民解放军北京军区和空军部队举行的合成军军事演习，检阅演习部队并发表讲话。他指出：我军是人民民主专政的坚强柱石，肩负着保卫社会主义祖国、保卫“四化”建设的光荣使命。因此，必须把我军建设成为一支强大的现代化、正规化的革命军队。

九月

20

1978年9月20日，邓小平在中共天津市委负责人林乎加等人的陪同下，视察天津市河北区黄纬路居民住宅建设工地。他说：要注意房屋设计，式样应多一点，外观要美观大方一些。

21

九月

1988年9月21日，邓小平会见斯里兰卡总理拉纳辛哈·普雷马达萨，提出建立国际经济新秩序和国际政治新秩序。他说：新的政治秩序就是要结束霸权主义，实行和平共处五项原则。最经得住考验的不是霸权政治，不是集团政治，而是和平共处五项原则。我们要经过几十年的努力，在和平共处五项原则的基础上建立国与国之间的关系，特别是邻国之间的关系。

22

1939 年 9 月，邓小平带着新婚妻子卓琳回到太行前线八路军总部。二人共同面对人生的风风雨雨，携手走过五十八个春秋。图为邓小平和卓琳在太行山。

九月

23

1985 年 9 月 23 日，邓小平出席中国共产党全国代表会议并发表讲话，指出：改革促进了生产力的发展，引起了经济生活、社会生活、工作方式和精神状态的一系列深刻变化。改革是社会主义制度的自我完善，在一定的范围内也发生了某种程度的革命性变革。这是一件大事，表明我们已经开始找到了一条建设有中国特色的社会主义的路子。

24

1982 年 9 月 24 日，邓小平会见英国首相撒切尔夫人，就香港问题进行磋商。关于主权问题，他斩钉截铁地说：主权问题不是一个可以讨论的问题。中国在这个问题上没有回旋的余地。他还指出：如果说中国宣布要收回香港会带来灾难性的影响，那么中国会勇敢地面对这个灾难，做出决策。

25

九月

1954 年 9 月，邓小平在第一届全国人民代表大会第一次会议上，当选为国防委员会副主席。同月，他又被任命为中共中央军事委员会委员。图为同年 10 月出席国防委员会第一次会议的部分委员的合影。

九月

26

1956年9月，邓小平在中国共产党第八次全国代表大会上作《关于修改党的章程的报告》，提出和深刻论述了党在执政条件下加强自身建设的任务。在随后召开的八届一中全会上，邓小平当选为中央政治局常委、中央委员会总书记，成为以毛泽东为核心的中国共产党第一代中央领导集体的重要成员。这一年他五十二岁。

27

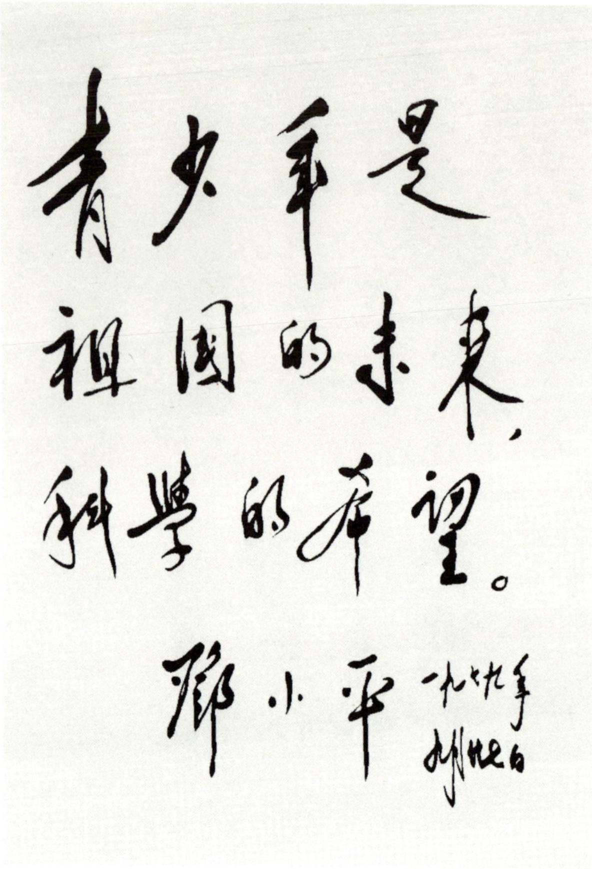

1979年9月27日，邓小平为由中国科协、教育部、国家体委、共青团中央联合举办的全国青少年科技作品展览题词："青少年是祖国的未来，科学的希望。"

九月

1986年9月28日，邓小平在中共十二届六中全会上讨论《关于社会主义精神文明建设指导方针的决议》（草案）时，提出决议中要写入“反对资产阶级自由化”。他说：反对资产阶级自由化，我讲得最多，而且我最坚持。自由化实际上就是要把我们中国现行的政策引导到走资本主义道路。搞自由化，就会破坏我们安定团结的政治局面。没有一个安定团结的政治局面，就不可能搞建设。

28

29

1986 年 9 月 29 日，邓小平会见波兰统一工人党中央第一书记、国务委员会主席沃伊切赫·雅鲁泽尔斯基，提出政治体制改革的三个目标：第一，巩固社会主义制度；第二，发展社会主义社会的生产力；第三，发扬社会主义民主，调动广大人民的积极性。而调动人民积极性的最中心的环节，还是发展生产力，提高人民的生活水平。

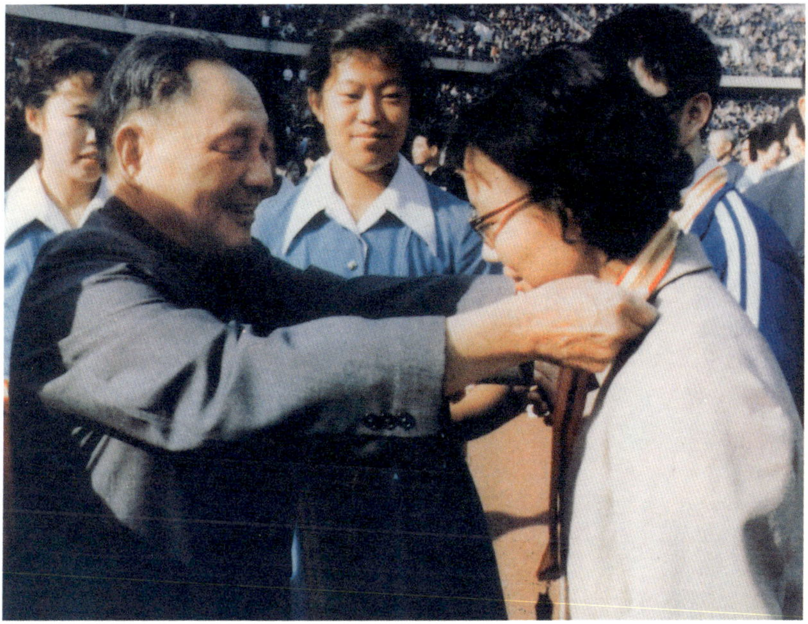

30

1979 年 9 月 30 日，邓小平出席第四届全国运动会闭幕式并为乒乓球运动员颁发奖牌。

九月

十　月

共同富裕是社会主义制度不能动摇的原则

01

十月

1984 年 10 月 1 日，邓小平出席庆祝中华人民共和国成立三十五周年阅兵式和群众游行活动，检阅部队。游行群众中，北大学生方队走到天安门金水桥东华表时，同学们一下子打开了一条由床单做成的横幅，赫然展示在游行队伍中，上面写着“小平您好”四个大字。简短质朴的“小平您好”四个字，浓缩了大学生们对邓小平深厚而真挚的感情。

02

1984年10月2日，邓小平会见参加国庆活动的杨振宁、李政道、丁肇中、吴健雄等六十多位外籍华人科学家，指出：今天同你们见面，是对你们付出的知识和劳动表示感谢。在谈到“一国两制”问题时他指出：“一国两制”，马克思没说过，世界历史上没有过。这是我们从实际遇到的问题即香港问题、台湾问题提出来的。大陆十亿人口坚定不移地走社会主义道路，同时允许部分地区实行特殊政策，继续搞资本主义。这个政策不会变。图为邓小平同杨振宁、李政道、丁肇中在一起。

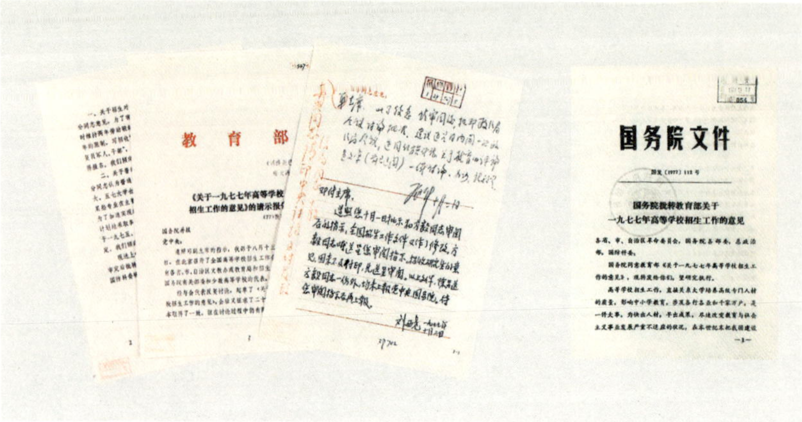

03

1977年10月3日，邓小平审阅教育部《〈关于一九七七年高等教育招生工作的意见〉的请示报告》。经中央政治局讨论通过后，10月12日，国务院正式批转了这个文件。文件规定，从1977年起，高等学校招生制度进行改革，恢复统一考试制度。新的招生制度规定，招生实行德、智、体全面衡量、择优录取的原则，采取自愿报考，统一考试，地方初选，学校录取，省、市、自治区批准的办法。这样就废除了此前实行的“自愿报名、群众推荐、领导批准、学校复审”的招生办法。

04

1955年10月4日，邓小平在中共七届六中全会扩大会议上代表中央政治局作《关于召开党的第八次全国代表大会的决议草案的说明》，着重对党的第八次全国代表大会推迟召开的原因、八大的主要议程、代表选举、召开的时间等作了解释。这次会议通过了《关于召开党的第八次全国代表大会的决议》。

05

十月

1988 年 10 月 5 日，邓小平会见肯尼亚总统丹尼尔·阿拉普·莫伊。他在谈到中国经济发展规划时指出：我们的发展规划，第一步，让沿海地区先发展；第二步，沿海地区帮助内地发展，达到共同富裕。共同富裕是社会主义制度不能动摇的原则。图为 1980 年 9 月邓小平会见肯尼亚总统莫伊时的影像。

十月

06

1943年10月6日，中共中央决定，中共中央北方局与太行分局合并，八路军总部与一二九师合并，邓小平接替彭德怀，任中共中央北方局代理书记，全面主持北方局、八路军总部和晋冀鲁豫地区的军政工作。图为任中共中央北方局代理书记时的邓小平。

07

十月

1984 年 10 月 7 日，邓小平出席北京正负电子对撞机国家实验室奠基典礼，为基石培上第一锹土。基石上镌刻着邓小平书写的铭文："中国科学院高能物理研究所北京正负电子对撞机国家实验室奠基。"随后，他在工地现场接见中美双方参加中美高能物理第五次联合委员会会议的全体成员、中国科学院的一些专家和参加这项工程的各有关单位代表。

08

1977年10月8日，邓小平会见美籍华人物理学家吴健雄夫妇。他在谈到教育和科技工作时说：我自告奋勇抓这方面的工作。要实现四个现代化，我们的方针是从教育和科学着手。不抓教育，科研就搞不好。林彪、“四人帮”的干扰破坏，使我们耽误了一代人的时间，影响了二十年。

十月

09

1980年10月9日，邓小平会见日本松下电器公司最高顾问松下幸之助一行。他在介绍中国发展同世界各国的经济合作的政策时指出：我们在国际交往中的政策没有变，在继续贯彻。不过，我们要清醒地估计我们自己的力量，量力而行。

10

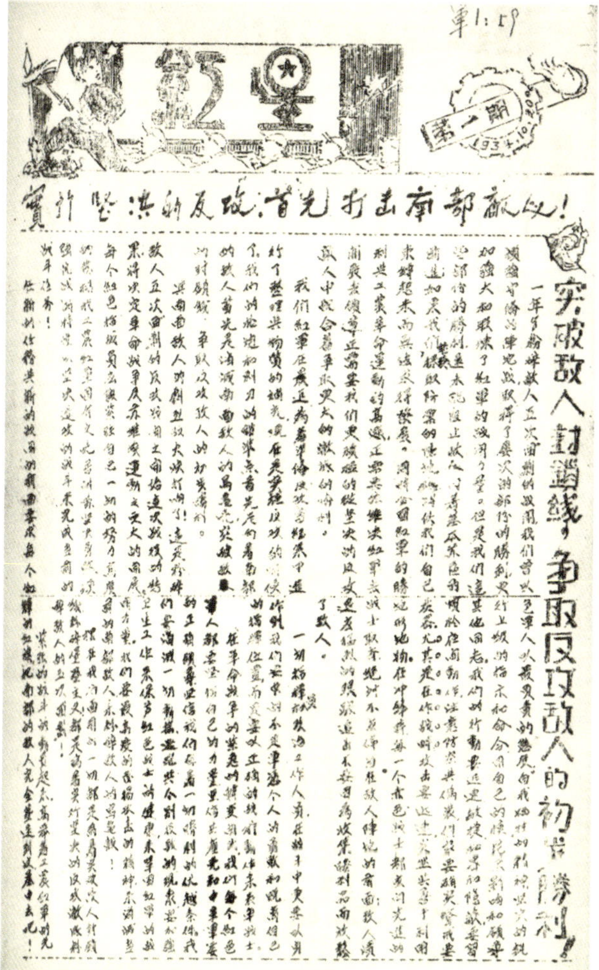

1934 年 10 月 10 日晚，中共中央和中革军委率领红一方面军第一、三、五、八、九军团和中央党政机关、军委总部以及直属部队，开始从瑞金等地出发，进行战略大转移——长征。邓小平带领《红星》报编辑部随总政治部机关被编在第二野战纵队，该纵队又名“红章纵队”。长征途中，《红星》报改成手写油印。在极为艰苦、紧张的行军战斗间隙，邓小平坚持办报，鼓舞红军指战员士气。

11

十月

1978年10月11日，邓小平在中国工会第九次全国代表大会开幕式上致辞，指出：实现四个现代化，是一场根本改变我国经济和技术落后面貌，进一步巩固无产阶级专政的伟大革命。这场革命既然要大幅度地改变目前落后的生产力，就必然要多方面地改变生产关系，改变上层建筑，改变工农业企业的管理方式和国家对工农业企业的管理方式，使之适应于现代化大经济的需要。各条经济战线不仅需要进行技术上的重大改革，而且需要进行制度上、组织上的重大改革。

十月

1992 年 10 月 12 日，邓小平在家中收看中共十四大开幕式实况转播，听完江泽民的报告后称赞说：讲得不错，我要为这个报告鼓掌。图为 10 月 19 日邓小平同新当选的中共中央总书记江泽民等一起，和出席中共十四大的全体代表见面。

12

13

十月

1987 年 10 月 13 日，邓小平会见匈牙利社会主义工人党总书记卡达尔·亚诺什，指出：贫穷不是社会主义，发展太慢也不是社会主义。我们总结了我国革命和建设正反两个方面的经验，从 1978 年党的十一届三中全会开始，制定了一系列新的方针政策。这些方针政策，归根到底就是恢复和坚持毛泽东同志提出的实事求是的思想路线，根据这条思想路线来探索中国怎样建设社会主义。我们现在干的事业是全新的事业。

14

1986年10月14日，邓小平在北京钓鱼台国宾馆会见英国女王伊丽莎白二世和女王的丈夫爱丁堡公爵菲利普亲王，指出：随着香港问题的成功解决，现在我们的任务是努力发展两国的友好合作关系，增进两国人民之间的友谊。会见后，他设午宴招待客人。

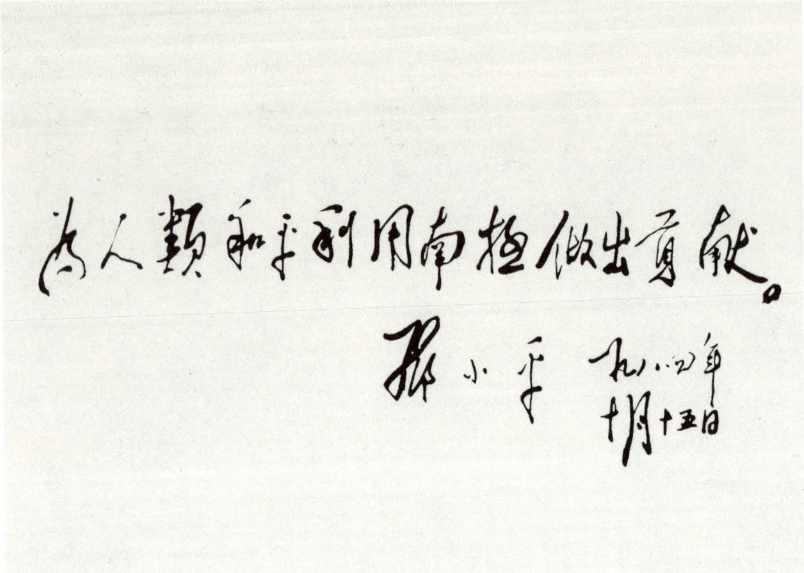

15

1984 年 10 月 15 日，邓小平为本月 8 日在北京成立的中国第一支南极考察队首次考察南极题词：“为人类和平利用南极做出贡献。”1984 年 12 月下旬至 1985 年 2 月，中国南极考察队在南极半岛地区建立了中国第一个科学考察站——长城站。

十月

16

1986 年 10 月 16 日，邓小平在人民大会堂主持刘伯承追悼会。21 日，他在《人民日报》发表文章《悼伯承》，指出：人们习惯地把“刘邓”连在一起，在我们两人心里，也觉得彼此难以分开。他是卓越的马克思主义军事理论家。他始终是把自己的一切贡献于、服从于党的需要，把自己融合于党的事业之中，毫无个人荣辱得失的考虑，真正达到了忘我的境界。图为邓小平主持刘伯承追悼会。

17

十月

1961年10月17日，邓小平主持召开中共中央书记处会议。他在讨论共青团工作问题时指出：提任务要提广大青年能办的事，要求过高就会脱离群众。比如发明创造只能是少数人的事，不能普遍提出口号。对青年人只能讲守纪律、爱学习、道德品质好。图为1979年7月，邓小平登黄山时同大学生在一起。

18

1969 年 10 月 18 日，周恩来电话通知江西省革命委员会办公室主任程惠远，要求江西方面对邓小平妥善安置，生活上要给予照顾，并将具体安置意见报告中央。得知江西方面准备把邓小平夫妇安置在赣州，周恩来打电话提出：把邓小平夫妇安排在赣州不妥，那里交通不便，山区条件差。应安排在南昌市郊为宜，并住两层楼房，独家独院，便于照顾和保证安全。据此，江西省革命委员会重新调整方案，将邓小平夫妇安置在南昌市郊。图为原江西省新建县拖拉机修造厂，从 1969 年 11 月起，邓小平和卓琳在这里劳动了三年多。

十月

1949 年 10 月 19 日，邓小平当选为中国人民革命军事委员会委员。21 日，邓小平和刘伯承、陈毅、粟裕等乘火车离开北京，开始了经略西南的征程。图为邓小平和刘伯承在研究解放西南的作战方针。

19

20

十月

1984年10月20日，邓小平主持召开中共十二届三中全会。他在会议通过《中共中央关于经济体制改革的决定》后发言，指出：这个决定，是马克思主义的基本原理和中国社会主义实践相结合的政治经济学。

21

十月

1920 年 10 月 21 日，根据华法教育会的安排，邓小平等二十多名同学，到达位于法国北部诺曼底大区的小城巴耶。邓小平在巴耶中学开始寄宿制学习生活，主要是学法语和商贸。后来他回忆说：学校待他们像小孩子一样，每天很早就要上床睡觉。才上了几个月，没学什么东西，吃得却很坏。图为巴耶中学旧址。

22

1978年10月22日至29日，应日本政府邀请，邓小平访问日本，这是新中国领导人对日本的首次正式友好访问。23日，邓小平与日本首相福田赳夫出席在日本首相官邸举行的《中日和平友好条约》两国批准书互换仪式。他在同福田赳夫的谈话中指出：《中日和平友好条约》的签订，对中国，对日本，甚至对世界，都是件大事。尽管我们社会制度不同，这没有关系。从亚洲、太平洋地区的形势来说，两国必须搞好关系，扩大一点说，我们两国关系搞好了，对整个国际局势也有重要意义。

23

十月

1935 年 10 月底，邓小平跟随陕甘支队到达陕西省。邓小平的女儿毛毛曾问他："长征的时候你都干了些什么工作？"邓小平回答："跟着走！"图为到达陕北的邓小平。

十月

24

1988年10月24日，邓小平到中国科学院高能物理研究所视察，庆祝北京正负电子对撞机首次对撞成功。他指出：过去也好，今天也好，将来也好，中国必须发展自己的高科技，在世界高科技领域占有一席之地。如果没有原子弹、氢弹，没有发射卫星，中国就不能叫有重要影响的大国，就没有现在这样的国际地位。这些东西反映一个民族的能力，也是一个民族、一个国家兴旺发达的标志。

有中国特色的社会主义

25

十月

1987年10月25日至11月1日，中国共产党第十三次全国代表大会召开，邓小平出席并主持大会开幕式。中共十三大全面系统地阐述了社会主义初级阶段理论，明确概括了党在社会主义初级阶段“一个中心，两个基本点”的基本路线，确定了从20世纪后20年到21世纪中叶分三步走，基本实现现代化的战略目标。图为中共十三大会场。

26

1978 年 10 月 26 日，邓小平访问日本期间，乘坐新干线超特快列车，从东京前往文化古城京都进行访问。在飞驰的列车上，日本记者请他谈谈乘坐新干线的感想时，邓小平意味深长地说："就感觉到快，有催人跑的意思。我们现在正适合坐这样的车。"

27

1978 年 10 月 27 日，邓小平访问日本期间，在雨中游览京都岚山。他与陪同人员交谈说：雨中岚山，别有风味，周总理写诗就是写的雨中岚山。我很喜欢这个地方。图为位于岚山半山腰的周恩来《雨中岚山》诗碑。

28

十月

1978年10月28日，邓小平访问日本期间，前往大阪参观松下电器产业公司茨木工厂。他听取了公司创始人松下幸之助、董事长松下正治等介绍松下电器公司生产各种电视机的情况，参观工厂电视机组装生产线，自动插件装置以及检查成品等生产工序，随后到展览室参观陈列的双画面电视、高速传真机、汉字编排装置、录像机、立体声唱机以及微波炉等产品。最后，他在工厂纪念册上题词：“中日友好，前程似锦。”

29

十月

1980年10月29日，邓小平会见泰国总理炳·廷素拉暖，指出：社会主义的一条标准就是不称霸，如果称霸就不是社会主义。我们对外政策的最主要目标是反对霸权主义，维护世界和平。这是世界的大局，也是中国所处地位决定的。中国需要和平，没有和平的国际环境，就不能安心建设，改善人民的生活。当然，为了反对霸权主义，需要中国做的事，中国也可以做出牺牲。

30

1979年10月30日，中国文学艺术工作者第四次代表大会在北京召开，全国各民族文学艺术家和文艺工作者代表三千多人欢聚一堂。邓小平代表党中央、国务院在会上致祝词，指出：要在建设高度物质文明的同时，提高全民族的科学文化水平，发展高尚的、丰富多彩的文化生活，建设高度的社会主义精神文明。要继续坚持毛泽东同志提出的文艺为最广大的人民群众、首先为工农兵服务的方向，坚持百花齐放、推陈出新、洋为中用、古为今用的方针，在艺术创作上提倡不同形式和风格的自由发展，在艺术理论上提倡不同观点和学派的自由讨论。

31

1989年10月31日，邓小平会见美国前总统理查德·尼克松，指出：考虑国与国之间的关系主要应该从国家自身的战略利益出发。着眼于自身长远的战略利益，同时也尊重对方的利益，而不去计较历史的恩怨，不去计较社会制度和意识形态的差别，并且国家不分大小强弱都应相互尊重，平等相待。

十一月

绿化祖国，造福后代

01

十一月

1987 年 11 月 1 日，邓小平出席中国共产党第十三次全国代表大会闭幕式。2 日，中共十三届中央委员会召开第一次全体会议。会议决定邓小平任中央军事委员会主席。

02

1993年11月2日，《邓小平文选》第三卷由中共中央文献编辑委员会编辑、人民出版社出版。这部文选收入作者自1982年至1992年间的著作。同日，中共中央作出《关于学习〈邓小平文选〉第三卷的决定》。1994年11月2日，《邓小平文选（一九三八—一九六五年）》和《邓小平文选（一九七五—一九八二年）》经过增补和修订，由人民出版社出版第二版，分别改称《邓小平文选》第一卷、第二卷。经增补修订后出版的《邓小平文选》第一卷、第二卷，连同1993年出版的第三卷，集中整理了邓小平的主要著作。

十一月

1977年11月3日，邓小平会见美籍华人数理逻辑学家王浩。他在谈到学习国外先进科技成果时说：科学技术成果是人类共同的财富。现在我们学习外国先进的东西，实行“拿来主义”。“拿来主义”不坏。

03

04

十一月

1957 年 11 月 4 日，邓小平和中国代表团其他成员陪同毛泽东在莫斯科拜会苏联部长会议主席尼古拉·亚历山德罗维奇·布尔加宁。

05

1989 年 11 月 5 日，邓小平前往北京火车站，迎接来华进行内部访问的朝鲜劳动党中央委员会总书记、国家主席金日成。6 日，他在同金日成举行会谈时说：这十年我们党把我放到了特殊的岗位，我不当党中央总书记，也不当国家主席，但实际上我是党和国家领导集体的核心，这在国际上也是公认的。我们第一代领导集体是毛泽东、刘少奇、周恩来、朱德，以后又包括陈云同志，包括我，那个时候还有林彪。这个领导集体的核心是毛主席。从我们党的十一届三中全会以后，开始产生了第二代领导集体，包括我在内，还有陈云同志、李先念同志，还有叶帅（指叶剑英）。这也是一个有力量的领导集体。第三代领导集体就是以江泽民同志为核心。

06

1925 年 11 月 6 日，邓小平进入法国雷诺汽车厂做工，被分配在七十六号车间做打磨汽车零件的工作，磨件的单位工价是一法郎五生丁。邓小平的工卡编号是 82309A。他居住在比扬古尔市特拉维西尔街二十七号。图为邓小平留法期间工作的员工档案。

07

十一月

1989 年 11 月 7 日，邓小平致信中共中央政治局常委，向中共十三届五中全会提议江泽民任中央军委主席。图为邓小平同江泽民在交谈。

08

十一月

1988 年 11 月 8 日，邓小平接见出席中国文学艺术界联合会第五次代表大会的代表。图为邓小平与中国文联副主席夏衍亲切握手。

十一月

1989 年 11 月 9 日，中共十三届五中全会同意邓小平辞去中央军委主席的职务，实现了他从领导岗位上完全退下来的夙愿。全会根据邓小平的提议，决定江泽民任中共中央军委主席。邓小平说，退休以后，我最终的愿望是过一种真正的平民生活，生活更加简单一些，可以上街走走，到处去参观一下。

09

10

十二月

1978 年 11 月 10 日，邓小平访问马来西亚。他在同马来西亚总理达图·侯赛因·宾·奥恩会谈时指出：世界整个形势趋向紧张、不安宁。其根源是霸权主义争夺的结果。面对战争爆发的危险，各国政治家除注意提高警惕外，应找一条延缓战争爆发的办法，而不能无所作为。

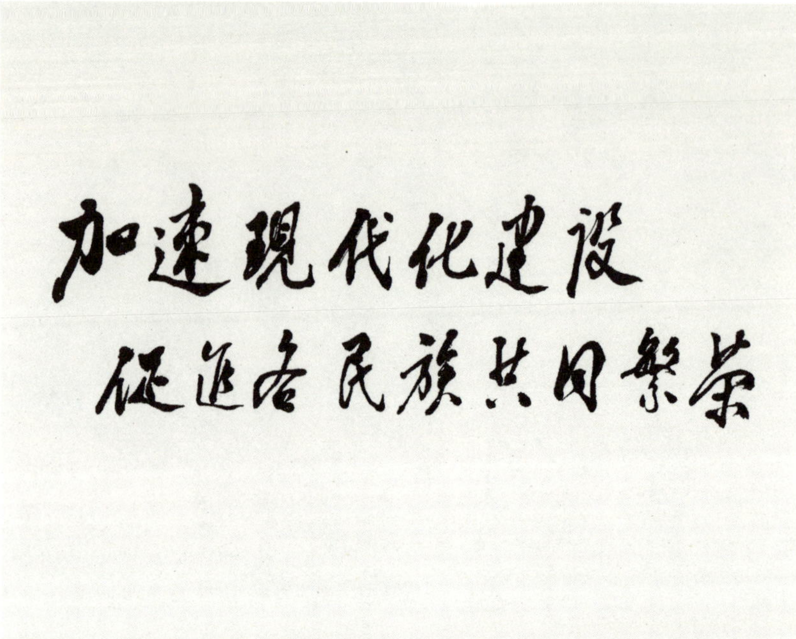

11

1988 年 11 月，邓小平为庆祝广西壮族自治区成立三十周年题词：“加速现代化建设，促进各民族共同繁荣。”

十一月

12

1978年11月12日，邓小平访问新加坡。他在与新加坡总理李光耀会谈时指出：中国政府一贯坚持大小国家一律平等，坚持反对大国欺侮小国、强国凌辱弱国。我们一贯主张在和平共处五项原则的基础上同社会制度不同的国家建立和发展友好合作关系。中国现在不称霸，将来强盛起来也永远不称霸，永远不做侵略、干涉、控制、威胁、颠覆其他国家的超级大国。

13

十一月

1972年11月13日，邓小平在江西省永新县参观“三湾改编”旧址时说：“三湾改编”很重要。秋收起义部队受挫，甩掉了追赶的敌军来到三湾，在这个清静的地方采取果断措施，对这支面临崩溃的部队进行改编，这是毛泽东同志的一个创举。“三湾改编”与古田会议一样重要。图为“三湾改编”旧址。

14

1986年11月14日，邓小平会见前来北京参加中美金融市场研讨会的纽约证券交易所董事长约翰·范尔霖一行，指出：实现本世纪末和下世纪中叶的两个目标，关键是坚持开放政策。现在人们议论邓某人如果不在了，中国会不会坚持开放政策。我说，不是哪个人在不在的问题，而是这个政策对不对。既然这个政策是正确的，也是中国的希望，谁也改变不了，下个世纪也会坚持下去。范尔霖送给邓小平一枚纽约证券交易所的证章，邓小平把一张面值五十元的上海飞乐音响公司股票回赠给客人。

15

十一月

1978年11月15日，中共北京市委以在《北京日报》上报道会议内容的形式宣布为天安门事件平反。此前，邓小平在5月2日会见美国《号角》编辑部代表团时指出：天安门事件是广大群众热爱周总理、悼念周总理的活动，是合情合理的。天安门事件绝不是什么反革命事件。图为群众在天安门前集会，拥护中共北京市委为天安门事件平反的决定。

16

1948年11月16日，中共中央军委致电刘伯承、陈毅、邓小平和粟裕等并华东局、中原局、豫皖苏分局、苏北工委、华北局，决定成立淮海战役总前委。电文指出："统筹的领导，由刘陈邓粟谭（指刘伯承、陈毅、邓小平、粟裕、谭震林）五同志组成一个总前委，可能时开五人会议讨论重要问题，经常由刘陈邓三人为常委临机处置一切。小平同志为总前委书记。"图为总前委五位成员在安徽时的合影。

十一月

1983 年 11 月 17 日，邓小平接见出席中国民主建国会第四次全国代表大会、中华全国工商业联合会第五届会员代表大会和中国民主促进会第五次全国代表大会的全体代表。

17

十一月

18

1977 年 11 月 18 日，邓小平和叶剑英等接见广东省、广州市局级以上干部和广州驻军师职以上干部。

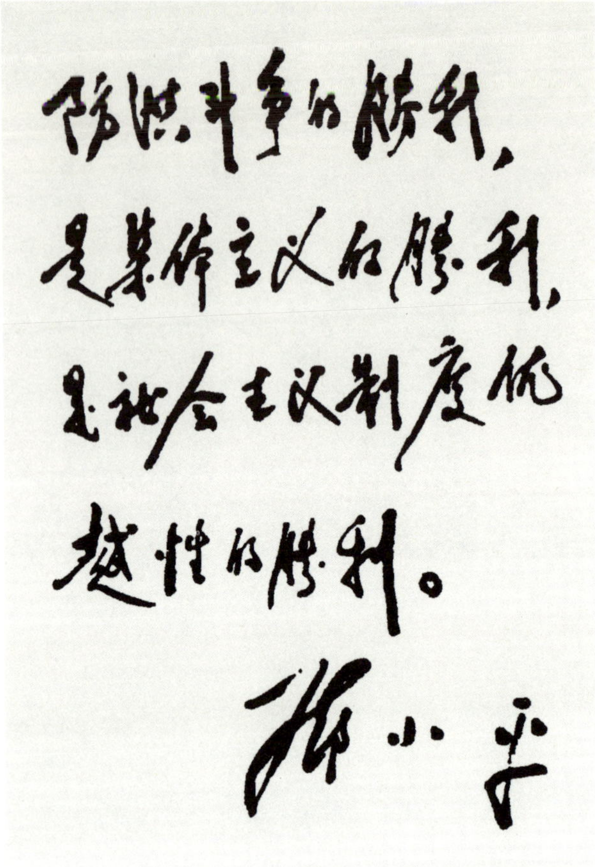

19

十二月

1963年11月，邓小平为“河北抗洪抢险斗争展览会”题词：“防洪斗争的胜利，是集体主义的胜利，是社会主义制度优越性的胜利。”

邓小平副总理会见外国朋友时的谈

井冈山斗争的实践与毛泽东思想的发展

——纪念伟大的领袖和导师毛主席诞辰八十五周年

谭震林

20 1978年11月，邓小平对谭震林拟在《红旗》杂志发表的《井冈山斗争的实践与毛泽东思想的发展》一文，作出批示：我看这篇文章好，至少没有错误。我改了一下，如《红旗》不愿登，可以送《人民日报》登。为什么《红旗》不卷入？应该卷入。可以发表不同观点的文章。看来不卷入本身可能是卷入。同年12月，谭震林的文章在《红旗》第十二期刊出。 十一月

21

1949年11月21日，邓小平、刘伯承向川、康、滇、黔四省的国民党军政人员提出《四项忠告》，号召他们弃暗投明，举行起义。在邓小平、刘伯承的军政兼施、文武兼攻下，国民党川、康地方实力派刘文辉、邓锡侯、潘文华，国民党政府云南省主席卢汉先后率部起义。仅仅两个月，西南战役就取得了决定性胜利，消灭了盘踞在云、贵、川、（西）康四省的九十多万国民党反动武装，解放了除西藏以外的西南全境。图为邓小平（右二）与刘伯承研究进军西南事宜。

22

1983 年 11 月 22 日，邓小平出席庆祝国际主义战士马海德来华工作五十周年的招待会。他对马海德说：五十年，不容易，祝贺你。

十一月

1989 年 11 月 23 日，邓小平会见坦桑尼亚革命党主席朱利叶斯·克·尼雷尔，指出：中国坚持社会主义，不会改变。什么威胁也吓不倒我们。只要中国社会主义不倒，社会主义在世界将始终站得住。

23

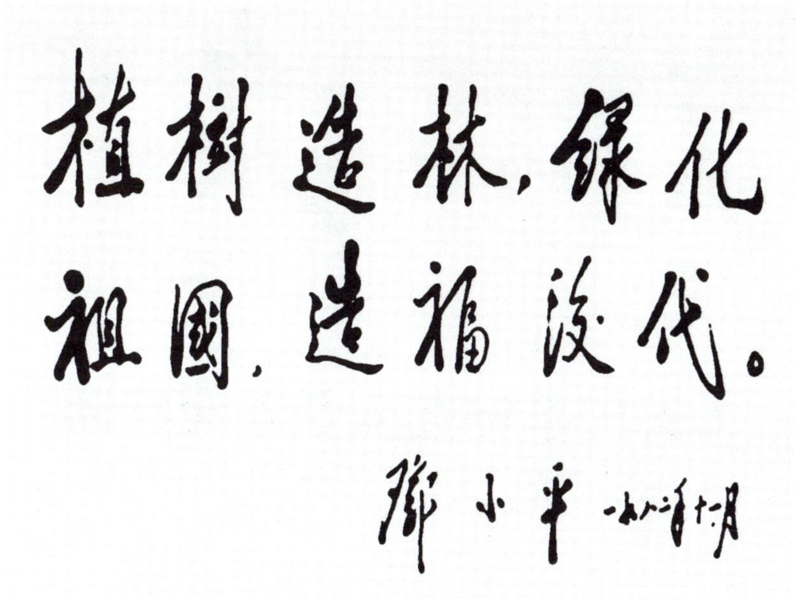

1982 年 11 月，邓小平为全军植树造林总结经验表彰先进大会题词：“植树造林，绿化祖国，造福后代。”

十一月

24

人民日报

RENMIN RIBAO　1978年11月16日　星期四　农历戊午年十月十六　第11087号

华主席

希望

新华社北京十一月十
务院总理华国锋今天下午
访华团时说，中日和平友好
关系进入了一个新的历史
是广阔的。他希望中日两
由于保利茂议长因健
日本众议院副议长三宅正
保利丰子随团访问并参加
三宅正一副议长对华

中共北京市委宣布

天安门事件完全是革命行动

对于一九七六年清明节因悼念敬爱的周总理、反对“四人帮”而受到迫害的同志要一律平反，恢复名誉

新华社北京十一月十五日电　中共北京市委在最近举行的常委扩大会议上宣布：一九七六年清明节广大群众到天安门广场沉痛悼念敬爱的周总理，愤怒声讨“四人帮”，完全是革命行动。

会上宣布：一九七六年清明节，广大群众到天安门广场悼念我们敬爱的周总理，完全是出于对周总理的无限爱戴、无限怀念和深切哀悼的心情；完全是出于对“四人帮”祸国殃民的滔天罪行深切痛恨，它反映了全国亿万人民的心愿。广大群众沉痛悼念敬爱的周总理，愤怒声讨“四人帮”，完全是革命行动。对于因悼念周总理、反对“四人帮”而受到迫害的同志要一律平反，恢复名誉。

25

十一月

1978年11月25日，邓小平和华国锋、叶剑英、李先念等听取中共北京市委负责人和共青团中央负责人汇报天安门事件平反后群众的反映和北京市街头大字报的情况。他指出：安定团结是实现四个现代化的必要政治条件，不能破坏安定团结的局面。这是中央的战略部署，这是大局。我们处理任何问题，都要从大局着眼，小局服从大局，小道理服从大道理。图为1978年11月16日《人民日报》刊登的中共北京市委为天安门事件平反的信息。

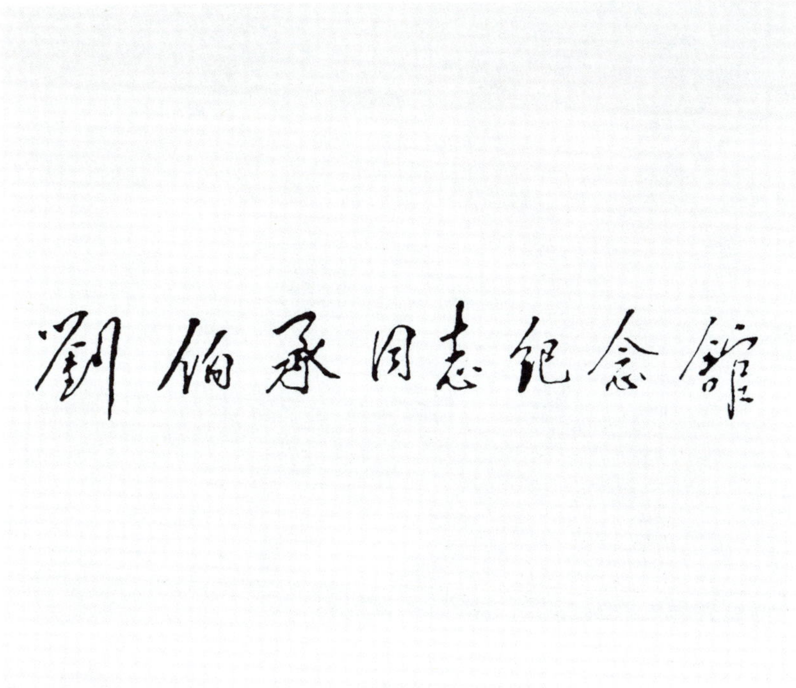

1986 年 11 月 26 日，邓小平为四川省开县的刘伯承同志纪念馆题名。

26

十一月

27

十一月

1978年11月27日，邓小平会见美国专栏作家罗伯特·诺瓦克。他在谈到中国实现四个现代化面临的主要障碍时指出：障碍是技术力量不够，管理水平太低。但我们相信中国人不蠢，可以学会。我们正在采取一些措施，派尽可能多的人去各国学习。

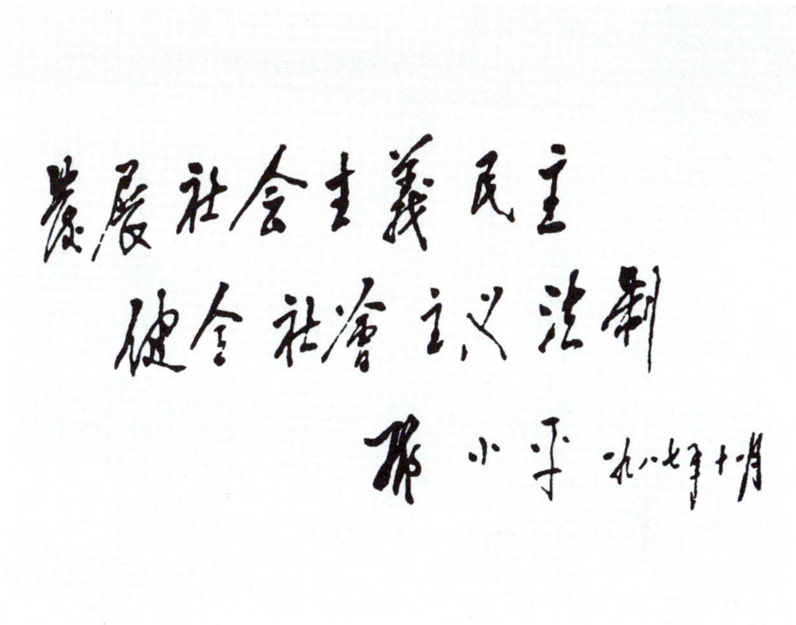

1987年11月28日，邓小平为《中华人民共和国人民代表大会相册》题词：“发展社会主义民主，健全社会主义法制。”

28

十二月

十一月

29

1982年11月29日，邓小平会见孟加拉国部长会议主席侯赛因·穆罕默德·艾尔沙德，指出：我们执行对外开放政策，但立足点是自力更生。希望从发达国家取得比较多的东西很难，最靠得住的是穷朋友，越穷的越慷慨，越富的越悭吝。穷朋友之间的帮助不可能太大，但靠得住，政治上、道义上的相互支持更是可以信赖的。图为1987年7月，邓小平会见艾尔沙德。

1982年11月30日，邓小平出席五届全国人大五次会议。图为会议期间，邓小平和薄一波、彭真、杨尚奎一起交谈。

30

十一月

十二月

喜看今日路，胜读百年书

01

1989 年 12 月 1 日，邓小平会见日本国际贸易促进协会会长樱内义雄，指出：国家的主权、国家的安全要始终放在第一位。他说：今后如有需要，动乱因素一出现，我们就采取严厉手段尽快加以消除，以保证我国不受任何外来干涉，维护国家的主权。

1986 年 12 月 2 日，邓小平接见出席全国先进党支部和优秀共产党员事迹经验交流会的与会代表。

十二月

02

1983 年 12 月 3 日，邓小平在人民大会堂接见台湾同胞为祖国做贡献经验交流大会的代表。

03

十二月

十二月

04

1982 年 12 月 4 日，邓小平出席五届全国人大五次会议全体会议。大会通过了《中华人民共和国宪法》。

05

1972年12月5日至15日，即将结束在江西省新建县的劳动生活、返回北京重新工作的邓小平，满怀对老区人民的深厚感情，重返赣南的兴国、于都、会昌、瑞金、宁都和广昌等县，看望老区人民，深入调查研究。图为邓小平与夫人卓琳在江西。

十二月

06

1979 年 12 月 6 日，邓小平会见日本首相大平正芳。他在回答关于中国将来会是什么样的情况，整个现代化的蓝图是如何构思的问题时，提出“小康”的概念：我们要实现的四个现代化，是中国式的四个现代化。我们的四个现代化的概念，不是像你们那样的现代化的概念，而是“小康之家”。

07

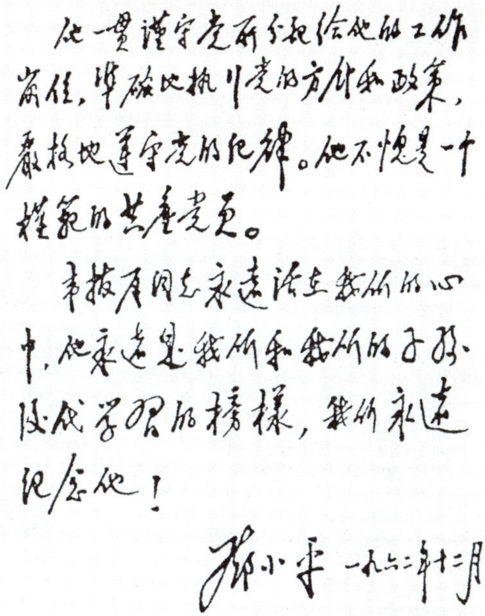
他一贯谨守党所分配给他的工作岗位，准确地执行党的方针和政策，严格地遵守党的纪律。他不愧是一个模范的共产党员。

韦拔群同志永远活在我们的心中，他永远是我们和我们的子孙后代学习的榜样，我们永远纪念他！

邓小平 一九六二年十二月

1962年12月，邓小平为纪念在右江革命根据地坚持斗争的韦拔群牺牲三十周年题词：“韦拔群同志以他的一生献给了党和人民解放的事业，最后献出了他的生命。他在对敌斗争中，始终是英勇顽强、百折不挠的。他不愧是无产阶级和劳动人民的英雄。他最善于联系群众，关心群众的疾苦，对人民解放事业具有无限忠心的崇高感情。他不愧是名副其实的人民群众的领袖。他一贯谨守党所分配给他的工作岗位，准确地执行党的方针和政策，严格地遵守党的纪律。他不愧是一个模范的共产党员。韦拔群同志永远活在我们的心中，他永远是我们和我们的子孙后代学习的榜样，我们永远纪念他！”

08

1972 年 12 月 8 日，邓小平前往江西瑞金考察。当地负责人说："你是我们的老县委书记，欢迎你。"20 世纪 30 年代，邓小平曾担任中共瑞金县委书记，卓有政绩。图为瑞金中华苏维埃共和国临时中央政府旧址。

09

1993 年 12 月 9 日，邓小平接见参加编辑《邓小平文选》第三卷的部分工作人员并合影留念。

十二月

10

1989年12月10日，邓小平会见美国总统特使、总统国家安全事务助理布伦特·斯考克罗夫特，指出：美国的制度中国不能搬，美国制度究竟好不好，美国人自己说，我们不干预。两国相处，要彼此尊重对方，尽可能照顾对方，这样来解决纠葛。只照顾一方是不行的。

11

1929 年 12 月 11 日，邓小平同张云逸等领导和发动百色起义，创建中国工农红军第七军和右江革命根据地。邓小平任中共红七军前敌委员会书记、红七军政治委员。图为红军时期的邓小平。

十二月

12

1966 年 12 月 12 日，邓小平前往医院参加吴玉章遗体告别仪式。吴玉章是中国著名的革命家、教育家。邓小平曾经就读过的重庆留法勤工俭学预备学校就是吴玉章创办的。图为吴玉章早年照片。

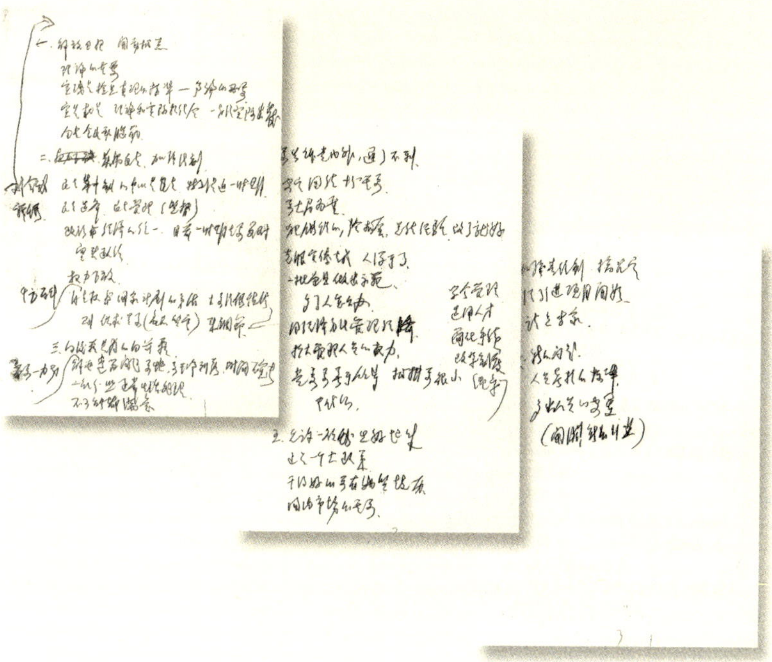

13

1978年12月13日，邓小平在中共中央工作会议闭幕会上作题为《解放思想，实事求是，团结一致向前看》的讲话。他指出：一个党，一个国家，一个民族，如果一切从本本出发，思想僵化，迷信盛行，那它就不能前进，它的生机就停止了，就要亡党亡国。他号召大家要研究新情况、解决新问题。他强调：如果现在再不实行改革，我们的现代化事业和社会主义事业就会被葬送。这篇讲话是解放思想、开辟新时期新道路的宣言，实际上成为随后召开的中共十一届三中全会的主题报告。图为邓小平亲拟的讲话提纲。

1977 年 12 月 14 日，邓小平与徐向前在一起交谈。

十二月

14

1973 年 12 月 15 日，邓小平参加由毛泽东主持召开的中共中央政治局扩大会议。毛泽东介绍邓小平说：我们现在请了一位总参谋长。他呢，有些人怕他，但是办事比较果断。毛泽东还送了邓小平两句话：柔中寓刚，绵里藏针。图为毛泽东与邓小平在一起。

15 十二月

16

1942 年 12 月 16 日，邓小平在太行区党政军民各界为刘伯承五十寿辰举行的祝寿大会上发表祝词说：今天庆祝你五十寿辰，应该学习你的好学、谦虚、诚恳、严正的风格，艰苦奋斗、忠实革命的精神，在你引导下排除万难，战胜敌人，迎接新中国的曙光，走向新社会。图为邓小平和刘伯承在一起。

17

1993年12月，邓小平在上海市负责人吴邦国、黄菊等人的陪同下冒雨视察浦东，并登上杨浦大桥，眺望浦东开发区的建设情景。他在得知该桥是当今世界上跨度最大的斜拉桥时说：感谢上海的工程技术干部，感谢上海的造桥职工，向他们问好！并说：这是上海工人阶级的胜利。我向上海工人阶级致敬！在视察上海内环线浦东段及罗山路、龙阳路立交桥后，他说：喜看今日路，胜读百年书。这是出自我内心的话。

18

1978年12月18日，中共十一届三中全会召开。这次全会标志着中国共产党重新确立马克思主义的思想路线、政治路线和组织路线，实现了新中国成立以来党的历史上具有深远意义的伟大转折，开启了改革开放和社会主义现代化建设新时期，并开始形成以邓小平为核心的党的第二代中央领导集体。图为中共十一届三中全会上的邓小平。

19

1984 年 12 月 19 日，邓小平出席中英两国政府《关于香港问题的联合声明》签字仪式。图为邓小平会见参加签字仪式的英国首相撒切尔夫人。

十二月

20

1984 年 12 月 20 日，邓小平会见香港知名人士包玉刚，指出：制定基本法要征求香港人的意见，但制定的权限在全国人大常委会。这是有关主权的问题。

十二月

21

1988 年 12 月 21 日，邓小平会见印度总理拉吉夫・甘地，提出世界现在要同时做两件事：一个是建立国际政治新秩序，一个是建立国际经济新秩序。他说：中印两国共同倡导的和平共处五项原则是最经得住考验的。我们应当用和平共处五项原则作为指导国际关系的准则。

22

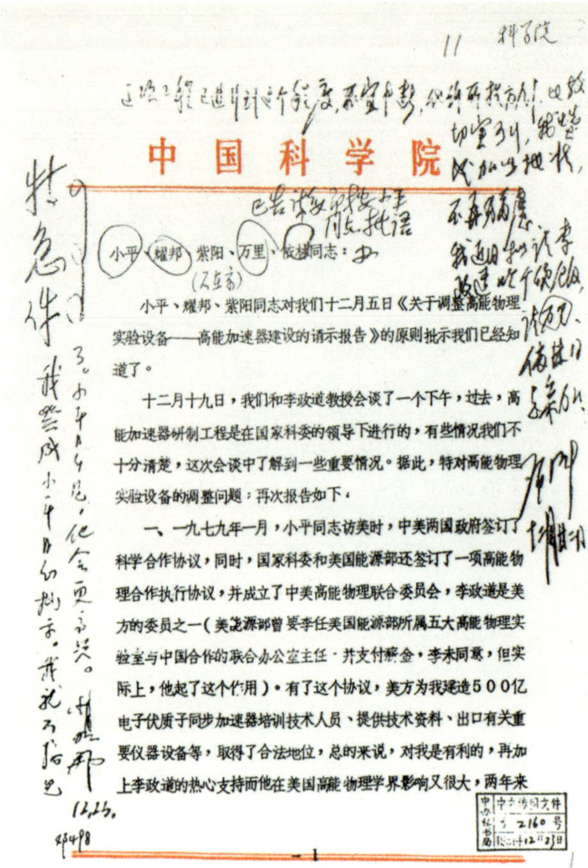

中国科学院

小平、耀邦、紫阳、万里、依林同志：

小平、耀邦、紫阳同志对我们十二月五日《关于调整高能物理实验设备——高能加速器建设的请示报告》的原则批示我们已经知道了。

十二月十九日，我们和李政道教授会谈了一个下午，过去，高能加速器研制工程是在国家科委的领导下进行的，有些情况我们不十分清楚，这次会谈中了解到一些重要情况。据此，特对高能物理实验设备的调整问题，再次报告如下：

一、一九七九年一月，小平同志访美时，中美两国政府签订了科学合作协议，同时，国家科委和美国能源部还签订了一项高能物理合作执行协议，并成立了中美高能物理联合委员会，李政道是美方的委员之一（美能源部曾要李任美国能源部所属五大高能物理实验室与中国合作的联合办公室主任，并支付薪金，李未同意，但实际上，他起了这个作用）。有了这个协议，美方为我建造500亿电子伏质子同步加速器培训技术人员、提供技术资料、出口有关重要仪器设备等，取得了合法地位，总的来说，对我是有利的，再加上李政道的热心支持而他在美国高能物理学界影响又很大，两年来

— 1 —

1981年12月22日，邓小平在中国科学院党组书记李昌、副院长钱三强关于请求批准在北京建设正负电子对撞机的报告上批示："这项工程已进行到这个程度，不宜中断，他们所提方针，比较切实可行。我赞成加以批准，不再犹虑。"

十二月

23

1974年12月23日、24日、25日、27日，毛泽东在长沙四次听取周恩来等人关于四届人大筹备工作的汇报。在谈到邓小平时，毛泽东亲笔写下“人才难”和一个“强”字，表示邓小平政治思想强，人才难得，提出增补他为中央政治局常委、中共中央副主席，并让他担任中央军委副主席、国务院第一副总理、解放军总参谋长三个职务。图为“文化大革命”中复出工作的邓小平。

十二月

24

1978年12月24日，彭德怀、陶铸追悼会在北京人民大会堂隆重举行。邓小平出席追悼会并为彭德怀致悼词。彭德怀、陶铸终于得到平反。

十二月

25

1980年12月25日，邓小平出席中共中央工作会议闭幕式并讲话，指出：要教育全党同志发扬大公无私、服从大局、艰苦奋斗、廉洁奉公的精神，坚持共产主义思想和共产主义道德。我们要建设的社会主义国家，不但要有高度的物质文明，而且要有高度的精神文明。所谓精神文明，不但是指教育、科学、文化（这是完全必要的），而且是指共产主义的思想、理想、信念、道德、纪律，革命的立场和原则，人与人的同志式关系，等等。图为1980年的邓小平。

26

1927 年底，23 岁的邓小平担任党中央秘书长。他的工作除了协助周恩来等中央领导处理中央日常工作，列席和参加中央各种会议并做记录外，主要管理中央机关的文书、机要、交通、财务以及各种会议安排等工作。图为邓小平当时工作的中共中央政治局联络点旧址。

27

1965年12月27日，邓小平会见锡兰共产党中央政治局委员、书记处书记纳·桑穆加塔桑，在谈话中强调要提升党的战斗力。他指出：建立一个什么样的党的问题，不仅是我们这一代的问题，也是下一代、再下一代的问题。一个国家的革命，核心问题是党，有了一个好党才能引导革命走向胜利。革命胜利后，搞社会主义也要靠一个好党，否则胜利就靠不住。图为1964年，邓小平视察兰州炼油厂。

1977年12月28日，邓小平出席中央军委全体会议并讲话。他在谈到军队纪律问题时说：军队非讲纪律不可。要提倡顾全大局。有些事从局部看可行，从大局看不可行；有些事从局部看不可行，从大局看可行。归根到底要顾全大局。图为邓小平在中央军委全体会议上。

28

29

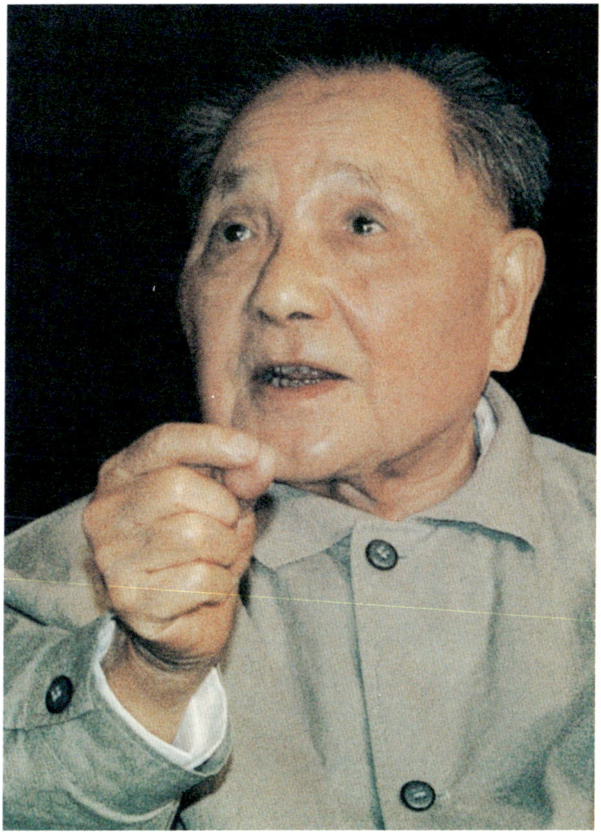

1992 年 12 月 29 日，邓小平被英国《金融时报》评选为“一九九二年风云人物”。图为 1992 年的邓小平。

十二月

1982 年 12 月 30 日，邓小平同陈云接见出席共青团十一大的少数民族代表。

30

31

“邓小平同志为中华民族独立、繁荣、振兴和中国人民解放、自由、幸福奋斗的辉煌人生和伟大贡献，将永远书写在祖国辽阔的大地之上。”

“邓小平同志始终在人民中间，也始终在人民心间。在这里，我们要说：小平您好！祖国和人民永远怀念您！”

——习近平在纪念邓小平同志诞辰一百一十周年座谈会上的讲话（2014 年 8 月 20 日）

图书在版编目（C I P）数据

小平，您好 : 366 天的怀念 / 姜淑萍主编 ; 周锟副主编 . -- 杭州 : 浙江人民美术出版社 , 2024.1
ISBN 978-7-5751-0076-2

Ⅰ . ①小… Ⅱ . ①姜… ②周… Ⅲ . ①邓小平（1904-1997）- 生平事迹 - 画册 Ⅳ . ① A762-64

中国国家版本馆 CIP 数据核字 (2023) 第 246161 号

供　　稿　中共中央党史和文献研究院第三研究部
照片作者（以姓氏笔画为序）
王传国　王敬德　王新庆　邓　林　邓　楠　邓　榕　吕相友　吕厚民　庄　唯　刘少山
刘东鳌　刘建国　刘晨庚　齐铁砚　汤孟宗　杜万英　杜荣春　杜修贤　李　平　李广宽
李生南　李治元　李保国　杨　飞　杨武敏　杨绍明　吴化学　邹健东　宋佑民　张　彬
张宝忠　张桂玉　陈沫军　武基国　林群英　和　坪　孟庆彪　赵天聘　胡　痴　胡宝玉
柳中央　侯　波　胥志成　贺　平　袁　苓　袁　浩　钱嗣杰　徐肖冰　高　帆　郭占英
唐理奎　崔宝林　谢丰泉　楚　英　薛铁军
部分照片作者姓名不详。

小平，您好：366 天的怀念

姜淑萍　主编　　周锟　副主编

策　　划　管慧勇
编　　写　高　钰　李　瀚　严哲文
责任编辑　李　芳
文字编辑　郭小扬
装帧设计　何俊浩
责任校对　钱偎依
责任印制　陈柏荣

出版发行　浙江人民美术出版社
（杭州市体育场路 347 号）
经　　销　全国各地新华书店
制　　版　杭州舒卷文化创意有限公司
印　　刷　浙江海虹彩色印务有限公司
版　　次　2024 年 1 月第 1 版
印　　次　2024 年 1 月第 1 次印刷
开　　本　889mm × 1194mm　1/32
印　　张　13.5
字　　数　220 千字
书　　号　ISBN 978-7-5751-0076-2
定　　价　120.00 元